MODELO TEÓRICO PARA AVALIAÇÃO DE POLÍTICAS DE EDUCAÇÃO BÁSICA NO BRASIL

Editora Appris Ltda.
1.ª Edição - Copyright© 2025 do autor
Direitos de Edição Reservados à Editora Appris Ltda.

Nenhuma parte desta obra poderá ser utilizada indevidamente, sem estar de acordo com a Lei nº 9.610/98. Se incorreções forem encontradas, serão de exclusiva responsabilidade de seus organizadores. Foi realizado o Depósito Legal na Fundação Biblioteca Nacional, de acordo com as Leis nos 10.994, de 14/12/2004, e 12.192, de 14/01/2010.

Catalogação na Fonte
Elaborado por: Josefina A. S. Guedes
Bibliotecária CRB 9/870

L414m
2025
	Lavor, Daniel
	   Modelo teórico para avaliação de políticas de educação básica no Brasil / Daniel Lavor. – 1. ed. – Curitiba: Appris, 2025.
	   117 p. ; 21 cm. – (Ciências sociais. Seção economia).
	
	   Inclui bibliografias.
	   ISBN 978-65-250-7490-0
	
	   1. Avaliação educacional. 2. Modelos matemáticos. 3. Educação e Estado. 4. Política pública – Avaliação. I. Título. II. Série.
	
	                                                            CDD – 379.154

Livro de acordo com a normalização técnica da ABNT

Appris *editora*

Editora e Livraria Appris Ltda.
Av. Manoel Ribas, 2265 – Mercês
Curitiba/PR – CEP: 80810-002
Tel. (41) 3156 - 4731
www.editoraappris.com.br

Printed in Brazil
Impresso no Brasil

Daniel Lavor

MODELO TEÓRICO PARA AVALIAÇÃO DE POLÍTICAS DE EDUCAÇÃO BÁSICA NO BRASIL

FICHA TÉCNICA

EDITORIAL	Augusto Coelho
	Sara C. de Andrade Coelho
COMITÊ EDITORIAL	Marli Caetano
	Andréa Barbosa Gouveia - UFPR
	Edmeire C. Pereira - UFPR
	Iraneide da Silva - UFC
	Jacques de Lima Ferreira - UP
SUPERVISOR DA PRODUÇÃO	Renata Cristina Lopes Miccelli
ASSESSORIA EDITORIAL	Adrielli de Almeida
REVISÃO	Simone Ceré
PRODUÇÃO EDITORIAL	Adrielli de Almeida
DIAGRAMAÇÃO	Luciano Popadiuk
CAPA	Mateus Porfírio
REVISÃO DE PROVA	Raquel Fuchs

COMITÊ CIENTÍFICO DA COLEÇÃO CIÊNCIAS SOCIAIS

DIREÇÃO CIENTÍFICA Fabiano Santos (UERJ-IESP)

CONSULTORES

- Alícia Ferreira Gonçalves (UFPB)
- Artur Perrusi (UFPB)
- Carlos Xavier de Azevedo Netto (UFPB)
- Charles Pessanha (UFRJ)
- Flávio Munhoz Sofiati (UFG)
- Elisandro Pires Frigo (UFPR-Palotina)
- Gabriel Augusto Miranda Setti (UnB)
- Helcimara de Souza Telles (UFMG)
- Iraneide Soares da Silva (UFC-UFPI)
- João Feres Junior (Uerj)
- Jordão Horta Nunes (UFG)
- José Henrique Artigas de Godoy (UFPB)
- Josilene Pinheiro Mariz (UFCG)
- Leticia Andrade (UEMS)
- Luiz Gonzaga Teixeira (USP)
- Marcelo Almeida Peloggio (UFC)
- Maurício Novaes Souza (IF Sudeste-MG)
- Michelle Sato Frigo (UFPR-Palotina)
- Revalino Freitas (UFG)
- Simone Wolff (UEL)

AGRADECIMENTOS

Ao Prof. PhD Ronaldo de Albuquerque e Arraes (*in memoriam*), meu orientador, professor do doutorado em Economia do CAEN (UFC).

Ao Prof. Dr. Maurício Holanda Maia, pelo inestimável aprendizado guiado por sua orientação especializada na área de educação e, em especial, sua experiência como secretário de educação de Sobral e Secretário Adjunto de Educação do Ceará.

Ao Prof. Dr. Rui Rodrigues Aguiar, chefe do escritório do UNICEF em Fortaleza, coordenador do Comitê Cearense para Eliminação do Analfabetismo Escolar (2004-2005) e do Programa Alfabetização na Idade Certa (2005-2007) pela valiosa contribuição para uma melhor compreensão do processo de desenvolvimento recente da educação no Ceará.

Para meu pai, Carlile Lavor, e minha mãe, Miria Lavor (in memoriam).

SUMÁRIO

INTRODUÇÃO... 11

1
A IMPORTÂNCIA DA EDUCAÇÃO BÁSICA NA ECONOMIA .. 19

2
OS RECURSOS ESCOLARES E O DESEMPENHO
DOS ALUNOS.. 25

3
DIFERENÇAS DE DESEMPENHO NAS ESCOLAS PÚBLICAS
BRASILEIRAS UTILIZANDO O ÍNDICE DE THEIL-L........... 29

4
ESTUDO DE CASO COMPARATIVO: AS POLÍTICAS DE
ALFABETIZAÇÃO DO CEARÁ..................................... 47
4.1. O destaque do Ceará... 47
4.2. Avaliação de impacto do Programa Alfabetização
na Idade Certa (PAIC)... 50

5
NOVOS ELEMENTOS PARA EXPLICAR A QUALIDADE
DA EDUCAÇÃO.. 63
5.1. O que aprendemos com as experiências do Ceará.................... 63
5.2 O modelo de Resultados Escolares 66
5.3. Uma aplicação do modelo: Como o Ceará melhorou o desempenho
na alfabetização 68
5.4. Extensões do modelo 72

CONSIDERAÇÕES FINAIS 75

REFERÊNCIAS... 79

APÊNDICE I: ESTATÍSTICAS DESCRITIVAS DAS ESCOLAS ANALISADAS 85

APÊNDICE II: RESULTADOS DAS 83 VARIÁVEIS ANALISADAS PELO ÍNDICE DE THEIL-L.. 111

APÊNDICE III: RESULTADOS DOS TESTES COM PLACEBO NA AVALIAÇÃO DE IMPACTO COM CONTROLE SINTÉTICO ... 117

INTRODUÇÃO

Em um seminário de visitantes bolivianos na Universidade de Harvard, a exposição de uma fotografia da Avenida Camacho, em La Paz, impressionou e agitou os estudantes de Economia na plateia. O ano era 1983, e as imagens mostravam enormes pilhas de pesos bolivianos sendo trocados no mercado negro de moeda estrangeira da cidade. Tratava-se de um exemplo real do desastroso fenômeno da hiperinflação. Um artigo boliviano que custasse um dólar em moeda americana haveria de chegar a se multiplicar 30 vezes em apenas um ano, chegando a custar, este único artigo, dois milhões de pesos.

A certa altura, em meio às explicações dos palestrantes, que levantavam as dificuldades de compreender e eliminar o problema, um dos professores da Universidade, Jeffrey Sachs, com então 28 anos interrompeu-os. Dirigindo-se ao quadro negro, disse: "Eis como isso funciona!", como conta ele próprio em seu livro (Sachs, p. 121. 2005).

Ao final de sua explicação, um dos participantes da plateia exclamou: "Se você é tão esperto assim, por que não vem à Bolívia nos ajudar?". Isso levou à elaboração do Decreto Supremo 21.060, que continha ideias aparentemente improváveis para o combate à inflação, como grandes elevações nos preços dos combustíveis. Entretanto, em uma semana a elevação de preços cessou[1].

Essa é uma grande conquista das Ciências Econômicas. A hiperinflação representa uma tragédia social. As perdas com o desmantelamento da moeda são elevadíssimas. De um jeito ou de outro isso resulta diretamente num severo agravamento da miséria, e na redução de recursos para despesas essenciais.

Seis décadas antes, entretanto, ainda não havia tanta segurança entre os economistas.

---

[1] O autor esteve no Brasil na época, sem o mesmo sucesso. Foram os alunos brasileiros vindos dos doutorados de Harvard (Gustavo Franco), do MIT (Pérsio Arida e André Lara Resende), de Cambridge (Winston Fritsch), de Yale (Edmar Bacha) e de Berkeley (Pedro Malan) que formularam os fundamentos técnicos do plano de estabilização de 1994.

Ao longo do século XX, as Ciências Econômicas desenvolvidas nos centros de maior prestígio sofreram uma grande transformação. Em 1944, por exemplo, o American Mathematical Society Bulletin qualificou a publicação do livro Teoria dos Jogos e Comportamento Econômico (1944), de John von Neumann e Oskar Morgenstern, como "[...] uma das mais importantes contribuições científicas da primeira metade do século XX" (Strathern, p. 6, 2003).

O uso de modelos matemáticos para explicar os fenômenos econômicos se trata de um estágio relativamente recente. Na realidade, as equações na Economia foram precedidas por pelo menos 300 anos de discussões literárias especializadas, frequentemente acompanhadas de análise direta de dados. Dessa forma, sua metodologia geral de discussão assemelhava-se a que hoje é observada nas políticas educacionais.

Desde o século XVI já se estabelecia uma discussão sistemática sobre os princípios que governavam a economia. As publicações de tratados, geralmente de altos funcionários dos governos nacionais, procuravam explicar a forma como os preços se estabeleciam, ou a melhor estratégia para o enriquecimento da nação.

Nesse estágio, a evolução desses tratados contou essencialmente com observação atenta e troca de opiniões. A partir disso, buscou-se desenvolver explicações para os fenômenos econômicos por meio de encadeamentos lógicos literários, que se mostravam mais ou menos consistentes, variando de um autor para outro. Ao longo do tempo, essas explicações eram avaliadas pelas consequências de sua adoção pelos governos, ou pela proposição de explicações melhores. Até os dias atuais, muitas das ideias econômicas subjacentes nos modelos sofisticados têm suas origens nessa fase de discussão. Esse estágio de desenvolvimento da Teoria Econômica é conhecido como Economia Política[2]

---

[2] Na realidade, a Economia Política representa a modernização de uma discussão mais antiga, da Filosofia Moral. Nesta, pensadores da Antiguidade e filósofos da Igreja Católica experimentaram, ocasionalmente, discussões acerca de temas econômicos. Essa fase é marcada pela condenação dos lucros comerciais e da cobrança de juros. Platão (427-347 a.C.), curiosamente, já apontava as vantagens da especialização nas atividades produtivas.

A necessidade de um avanço mais rápido, entretanto, já se revelava para alguns. William Petty (1623-1687), um importante economista do século XVII, já preconizava a contagem, a medição e as análises estatísticas como fundamentos necessários à discussão:

> Em vez de usar somente palavras comparativas e superlativas e argumentos intelectuais, eu aproveito [...] para me expressar em termos de números, pesos ou medidas, para utilizar somente argumentos de razão e para considerar somente causas que têm fundamentos visíveis da natureza, [deixando] aquelas que dependem de mentes mutáveis, opiniões, apetites e paixões de homens específicos para a consideração de outros (Petty, 1899, p. 244).

Embora a maior disponibilidade de dados, que possibilitou o uso intensivo de análises quantitativas, tenha se revelado um grande salto, tratou-se na realidade de uma fase ainda intermediária. As discussões foram frutíferas, mas seus avanços foram limitados. Ao utilizarem apenas a lógica literária e a análise direta dos dados, os economistas da época possuíam uma excessiva facilidade de expressar ideias ainda em suas fases iniciais de desenvolvimento. As argumentações podiam carregar uma grande quantidade de imprecisões, ainda que muitas fossem úteis e aplicáveis. Algumas questões mais profundas, de difícil argumentação, poderiam permanecer por décadas sem consensos. Os economistas mais talentosos, que detivessem a razão, eram muitas vezes incapazes de convencer os demais, pela elevada complexidade dos problemas e a falta de ferramentas metodológicas para tratá-los.

Assim, já se percebia a ausência de um ambiente mais rigoroso, onde se pudesse avançar em discussões de alta complexidade. As ditas Ciências Exatas, como a Física, já estavam avançando nesse sentido. A declaração de Petty se realiza na mesma década da publicação do Philosophiae Naturalis Principia Mathematica, de Issac Newton (1687).

Dessa forma, mostraram-se cada vez mais evidentes duas necessidades diferenciadas: o aperfeiçoamento das ferramentas de análise empírica e o aperfeiçoamento da metodologia de descrição teórica das relações quantitativas. Ou seja, além de ferramentas que exaurissem todos os questionamentos empíricos, era preciso aperfeiçoar a forma como se direcionavam as análises. Essa relação podia se mostrar surpreendentemente confusa e desafiadora. Na realidade, essas questões ainda se mostram presentes, quando, por exemplo, formuladores de modelos matemáticos utilizam elementos que ainda não são mensurados, nem mensuráveis, a princípio.

Entretanto, a utilização de modelos matemáticos não serve apenas para a mensuração direta. De fato, uma das maiores utilidades dos modelos é a possibilidade da sofisticação na explicação do fenômeno.

Assim, em meados do século XIX, alguns pensadores, como Cournot (1801-1877), Dupuit (1804-1866), Jevons (1835-1882), Edgeworth (1845-1926) e Fisher (1867-1947), por exemplo, iniciaram a utilização intensiva de equações e gráficos (como na Física), para auxiliar a discussão de ideias mais elaboradas. A partir disso, o uso de modelos matemáticos ganhou, gradativamente, grande credibilidade. Isso se deu, em especial, pela precisão explícita que se exigia na elaboração das novas explicações da realidade, como afirmam Chiang e Wainwright (2006, p. 3):

> Considerando que símbolos [matemáticos] e palavras são realmente equivalentes (confirmado pelo fato de que os símbolos usualmente são definidos em palavras), pouco importa qual deles é escolhido, [...] mas a matemática tem a vantagem de obrigar os analistas a enunciar suas premissas explicitamente em cada estágio do raciocínio.

Um século depois desses primeiros pensadores, essa linguagem passou a ser predominante. Como declarou (com intencional exagero) o primeiro americano a ganhar o Nobel Memorial Prize in Economic Sciences, Paul Samuelson (1976, p. 25), "Em 1935 a economia entrou em uma época da matemática. Tornou-se mais fácil um camelo passar pelo buraco de uma agulha do que um gênio não matemático entrar no panteão de teóricos originais".

Assim, a partir desse período, aquelas revelações muito surpreendentes, muito diferentes do que se esperava na discussão corrente, originadas simplesmente de análises empíricas, e acompanhadas apenas de criativas explicações literárias, tiveram seu crédito reduzido, como afirma o próprio Greene (2003, p. 3):

> A crença de que podemos examinar um conjunto de dados não experimentais e esperar alguma complexa verdade nos ser revelada a partir unicamente de sua manipulação é desesperadamente otimista. [...] A teoria tem o papel de organizador dos dados. Sem uma base teórica, o resultado desse exercício será, provavelmente, um ambíguo catálogo de possibilidades.

Ou seja, era necessário que o pesquisador demonstrasse em equações, mesmo que em cenários simplificadores, como exatamente ele via o funcionamento de sua ideia. Foi dessa forma que, ao longo dos séculos, foi desenvolvida o que é propriamente chamado de Teoria Econômica. São os temas efetivamente de domínio dos economistas, como elementos que influenciam o valor real da moeda, no exemplo do caso boliviano, embora a teoria tenha avançado muito em diversas áreas.

Na realidade, as regras nesse sentido vão em uma ou outra direção a partir do estágio de amadurecimento da pesquisa. Em discussões em fases iniciais, onde ainda não se disponha de modelos matemáticos bem elaborados, o uso direto de análises empíricas, testando diferentes hipóteses ou medindo correlações pode ser muito útil, servindo a uma reflexão inicial do problema. Num outro extremo, em linhas de pesquisa tradicionais, onde os dados já se encontram muito bem identificados, e os modelos matemáticos explicativos já são amplamente aceitos, as análises puramente empíricas podem voltar ao centro da discussão, em fases de refinamento das mensurações.

Entretanto, não há como definir, a princípio, o momento exato de se utilizar uma ou outra abordagem. Isso irá depender, entre outras coisas, dos limites observados na coleta dos dados. Várias questões podem influenciar essas decisões, levando à exaustão de uma metodologia. É de se esperar que pesquisadores de uma ou outra área acabem depositando mais esperança nas abordagens que lhes são mais familiares.

A grande lição é que, a partir do uso de modelos matemáticos explicativos, ampliaram-se as possibilidades de a Economia identificar com maior eficiência as melhores ideias. O salto metodológico não se assemelha muito à invenção do microscópio para a Biologia, ou do telescópio para a Física. A visão já era clara e nítida na cabeça de muitos, como ocorre atualmente entre os verdadeiros especialistas em políticas educacionais. O desenvolvimento de modelos matemáticos esteve mais para a construção de um fórum, onde a discussão lógica literária e a análise dos dados encontraram um ambiente seguro para seu desenvolvimento. A Econometric Society (1933) festejava, logo em sua primeira edição, as possibilidades dessa visão múltipla:

> A experiência tem mostrado que cada um desses pontos de vista, a estatística, a teoria, e a matemática, são condições necessárias, embora não suficientes, para um real entendimento das relações quantitativas [...]. O poder [explicativo] está na unificação de todos os três (Frisch, 1933, p. 4).

A união desses três elementos foi uma valiosa conquista das Ciências Econômicas. Apenas a partir disso se tornou possível, mesmo para um jovem professor de 28 anos, dominar o complexo fenômeno da inflação. Graças a isso foi viável a organização de uma discussão acadêmica que chegasse a um consenso razoável. Construído lentamente, mas firmemente, a partir de uma infinidade de colaboradores diferentes. Só assim lhe foi dada a segurança, e, em especial, a credibilidade, para dizer a toda uma nação como algumas estranhas ideias eram as que trariam de volta o valor de sua moeda.

O capítulo 1 traz uma descrição dos modelos de crescimento endógeno que previam a importância da educação como um dos motores principais do crescimento econômico de longo prazo. Nas análises empíricas, entretanto, indicadores educacionais, como taxa de escolarização ou anos de estudo da população, não demonstraram a verdadeira extensão de seu impacto sobre o crescimento.

Nesse contexto, avaliações da qualidade da educação básica como o SAEB vêm sendo intensamente discutidas nas Ciências Econômicas. Assim, no capítulo 2, "Os recursos escolares e o desempenho dos alunos", é realizada uma leitura dos avanços atuais observados nas análises quantitativas acerca dos determinantes da qualidade educacional, identificando a existência de limitações ainda significativas nessa abordagem.

Buscando uma visão mais abrangente acerca do poder explicativo das variáveis tradicionalmente utilizadas, o capítulo 3, "Antecedentes do modelo teórico: diferenças de desempenho nas escolas públicas brasileiras utilizando o índice de Theil-L", analisa as grandes desigualdades de desempenho presentes entre as escolas públicas brasileiras. Assim, explorando as características de desagregação presentes no índice de Theil, verifica-se o grau de explicação alcançado por essas variáveis, e a necessidade da identificação de elementos ainda excluídos entre os fatores determinantes da qualidade.

Em seguida, diante dos resultados encontrados, no capítulo 4, "Estudo de caso comparativo: as políticas de alfabetização do Ceará", é utilizada a metodologia de Controle Sintético para avaliar o impacto de uma política educacional específica, desenvolvida sobre elementos distintos daqueles contemplados na maioria das análises quantitativas.

Com a confirmação dos impactos reais da política avaliada, o capítulo 5, "Novos elementos para explicar a qualidade da educação", resgata análises desenvolvidas por especialistas em Educação, que identificam os principais determinantes desses resultados. A partir dessas análises qualitativas, especialmente aprofundadas, busca-se desenvolver um modelo matemático capaz de reproduzir alguns dos novos fatores identificados.

Finalmente, na seção "Considerações finais", as principais conclusões e as propostas de expansão são apresentadas.

1

A IMPORTÂNCIA DA EDUCAÇÃO BÁSICA NA ECONOMIA

As teorias de crescimento endógeno de Lucas (1988) e Romer (1990b) atribuem à educação a capacidade de potencializar o crescimento econômico mediante a inovação em produtos e processos de produção. Com relação especificamente à educação básica, entretanto, sua importância parece explicar-se melhor pela elevação geral do capital humano, como analisado por Mankiw, Romer e Weil (1992), e por seu papel na difusão e transmissão dos conhecimentos já produzidos, como analisado por Benhabib e Spiegel (2005). Do ponto de vista individual, uma grande quantidade de análises tem se desenvolvido, estudando os ganhos de produtividade e renda trazidos pela maior escolaridade dos trabalhadores (em especial a partir dos estudos clássicos de Jacob Mincer (1970; 1974), ou os ganhos não monetários da educação, como os benefícios sobre a saúde e redução da criminalidade (Lochner, 2011).

Por serem tradicionalmente levantados nos censos populacionais, os indicadores mais utilizados na época foram os *Anos de Estudo da População Trabalhadora* e a *Taxa de Alfabetização da População Adulta*, como analisados em Azariadis e Drazen (1990) e Romer (1990a), ou ainda as *Taxas de Atendimento,* como em Barro (1991), Mankiw, Romer e Weil (1992) e Levine e Renelt (1992)[3].

Na década de 2000, as pesquisas empíricas identificaram fortes evidências da importância da educação básica para o crescimento econômico. Um estudo essencial foi o de Sala-i-Martin, Doppelhofer e Miller (2004). Numa amostra de 88 países, incluindo países

---

[3] Análises mais recentes desses indicadores incluem ainda Topel (1999), Temple (2001), Krueger e Lindahl (2001) e Sianesi e Van Reenen (2003).

do Leste Asiático, de destaque especial no período de 1960 a 1996, os indicadores ligados à educação foram de maior impacto para o crescimento, dentre as 67 variáveis incluídas.

Assim, a partir de uma defesa sistemática da importância da educação como ferramenta para o crescimento, observou-se uma grande elevação nas despesas públicas em educação nos países em desenvolvimento nas décadas seguintes (Tabela 1).

Tabela 1 – Crescimento real das despesas públicas em educação

Região do mundo	Crescimento real (%) entre 1980 e 2008
Sul da Ásia	743,7
Leste da Ásia e Pacífico	546,3
Oriente Médio e Norte da África	271,7
África Subsaariana	205,5
América Latina e Caribe	193,6

Fonte: adaptado de Glewwe *et al.* (2011)

Essas regiões passaram por um período intenso de construção de escolas e contratação de professores para a educação primária, o que trouxe uma grande ampliação no acesso à escola. No período atual, a maioria da população com idade entre 15 e 19 anos já obteve a educação primária em todas as grandes regiões do mundo, embora a África Subsaariana ainda se apresente em um nível consideravelmente inferior às demais (Tabela 2).

Tabela 2 – Percentual da população de 15 a 19 anos com educação primária completa

Países	1950	1970	1990	2010
Economias avançadas	73,1	85,5	89,7	96,7
Leste da Ásia e do Pacífico	47,9	66,4	81,9	97,2
Europa e Ásia Central	69,5	88,0	94,4	96,5
Brasil	21,3	46,9	58,8	93,4
América Latina e Caribe	25,6	50,0	70,8	92,4

Países	1950	1970	1990	2010
Oriente Médio e Norte da África	9,4	28,8	64,8	85,3
Sul da Ásia	13,0	36,3	62,3	91,7
África Subsaariana	14,2	27,0	51,6	61,9

Fonte: Barro-Lee Educational Attainment Dataset (2018)

Como pode ser visto, em 1950, enquanto apenas 21,3% da população nessa faixa etária possuía ensino primário no Brasil, nas economias avançadas esse percentual já chegava a 73,1%. Muito embora todas as regiões tenham avançado substancialmente nos níveis de escolaridade primária de suas populações nos últimos sessenta anos, cabe destacar o desempenho educacional promovido nos países do Leste da Ásia, ao suplantar o percentual das economias avançadas, e o crescimento do percentual brasileiro para 93,4% em 2010.

Entretanto, no que se refere à qualidade da educação, pode-se observar que a questão ainda se mostra especialmente desafiadora. Mesmo que se observe uma significativa semelhança nos indicadores de acesso à educação primária entre os países, o mesmo não se pode afirmar com relação à qualidade. Ao se ordenar os países que dispunham de ambas as informações (de escolaridade e da qualidade da educação), percebe-se que as duas questões se mostram de fato distintas (Gráfico 1).

Assim, com a intenção de analisar o impacto dessa qualidade no crescimento, Hanushek e Wößmann (2007) utilizaram uma versão estendida dos dados educacionais de Cohen e Soto (2001), e encontraram uma elevação de 0,58% na taxa de crescimento anual *per capita* de longo prazo do PNB, para cada ano a mais de educação nos países analisados. Esse estudo, que inicialmente parecia reforçar as análises anteriores, procurou demonstrar na realidade que a relação entre a educação básica e o crescimento econômico ainda não estava bem compreendida. Introduzindo variáveis explicativas do grau de abertura comercial, dos direitos de propriedade, e da taxa de fertilidade, as conclusões se modificaram, com o impacto dos indicadores educacionais praticamente se extinguindo[4].

A partir disso, observou-se que a utilização de indicadores como *Anos de Estudo* ou as *Taxas de Atendimento* estaria carregando, implicitamente, uma hipótese de difícil sustentação. Como nenhum desses indicadores leva em conta as diferenças de qualidade da educação, estar-se-ia considerando, na realidade, que um ano de escolarização de alta qualidade produziria o mesmo capital humano que um ano de educação de baixa qualidade.

Com essas conclusões, fica evidente, para o avanço dessa discussão, a necessidade de levar em conta as diferenças na qualidade da educação. Diante disso, Hanushek e Kimko (2000), utilizando os dados do PISA, identificaram um nível de correlação inédito entre a educação e o crescimento econômico. Suas análises concluíram que uma elevação de 47 pontos nos resultados dessa avaliação (equivalente ao desvio-padrão na comparação entre os países), elevaria em um ponto percentual a taxa de crescimento econômico de longo prazo nos países da amostra. Esse resultado é, dessa forma, um exemplo da nova fase das análises empíricas da relação entre a educação básica e a economia, onde a qualidade da educação, medida pelas avaliações padronizadas torna-se um elemento central.

---

[4] Para se compreender a dimensão desta questão, pode-se analisar os resultados do Programa Internacional de Avaliação dos Estudantes (PISA). No ano de 2000, por exemplo, as avaliações de habilidades cognitivas realizadas entre os jovens estudantes de 15 anos de idade identificaram que, enquanto 2% deles apresentavam graves deficiências de leitura na Finlândia, cerca de 23% se caracterizavam dessa forma no Brasil (OECD, 2000).

MODELO TEÓRICO PARA AVALIAÇÃO DE POLÍTICAS DE EDUCAÇÃO BÁSICA NO BRASIL

Gráfico 1 – Nível de escolaridade e qualidade da educação nos países (2009/2010)

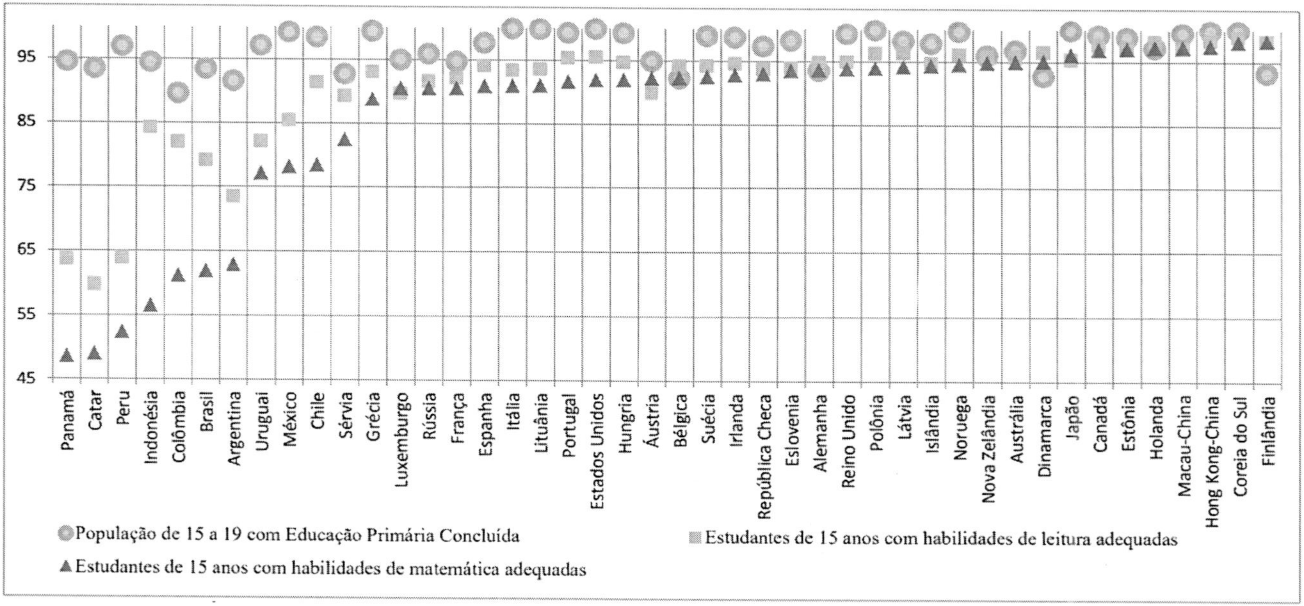

Legenda:
- ● População de 15 a 19 com Educação Primária Concluída
- ▲ Estudantes de 15 anos com habilidades de matemática adequadas
- ▪ Estudantes de 15 anos com habilidades de leitura adequadas

Países: Finlândia, Coreia do Sul, Hong Kong-China, Macau-China, Holanda, Estônia, Canadá, Japão, Dinamarca, Austrália, Nova Zelândia, Noruega, Islândia, Látvia, Polônia, Reino Unido, Alemanha, Eslovênia, República Checa, Irlanda, Suécia, Bélgica, Áustria, Hungria, Estados Unidos, Portugal, Lituânia, Itália, Espanha, França, Rússia, Luxemburgo, Grécia, Sérvia, Chile, México, Uruguai, Argentina, Brasil, Colômbia, Indonésia, Peru, Catar, Panamá

Fonte: OECD (2009)[5] e Barro-Lee Educational Attainment Dataset.

[5] http://pisa2009.acer.edu.au/.

2

OS RECURSOS ESCOLARES E O DESEMPENHO DOS ALUNOS

As avaliações das políticas de educação passaram em 1966 por um momento de reflexão, a partir da divulgação do Relatório Coleman (Coleman *et al.*, 1966). Os resultados desse documento alcançaram grande notoriedade, em especial por levarem a conclusões aparentemente opostas ao que se esperava. Após uma leitura cuidadosa dos dados, o Relatório demonstrou que as diferenças de desempenho observadas entre os alunos não eram explicadas apenas pela disponibilidade de recursos em suas escolas, mas também por suas próprias características socioeconômicas.

Essa análise marca os desafios encontrados até hoje para explicar a contribuição dos diferentes recursos escolares no desempenho dos alunos. Atualmente, a sofisticação e o rigor empregado nas avaliações quantitativas não têm evitado que as análises apresentem frequentemente conclusões distintas umas das outras, variando a partir do pesquisador, dos métodos e dos dados observados.

Alguns modelos matemáticos têm sido desenvolvidos com o objetivo de nortear as pesquisas quantitativas, os quais podem ser ilustrados pelo que propuseram Glewwe e Kremer (2006), como uma *Função de Produção do Aprendizado*:

$$A=a(S,Q,C,H,I)$$

Onde A representa o aprendizado, S os anos de estudo, Q é um vetor de características da escola e dos professores, C é um vetor de características dos alunos, H é um vetor de características das famílias, e I é um vetor do investimento realizado pelos pais (como a compra livros etc.).

Os anos de estudo e o investimento dos pais podem também ser determinados endogenamente:

$$S=f(Q,C,H,P)$$
$$I=g(Q,C,H,P)$$

Sendo P um vetor exógeno de preços. Assim, a expressão inicial ficaria:

$$A=h(Q,C,H,P)$$

Tomando esse modelo geral, Glewwe *et al.* (2011) produziram um grande levantamento internacional dos melhores estudos realizados sobre dados dos países em desenvolvimento. Na busca de conclusões consensuais entre os melhores estudos, foi realizada uma longa e criteriosa seleção, a partir da relevância e precisão das publicações, da confiabilidade dos dados utilizados e da adequação metodológica. Foram selecionaram 79 artigos que atendiam bem a todos esses critérios.

Dentre todos os temas analisados, os 10 que se mostraram mais diretamente ligados às decisões de políticas educacionais foram:

1. Disponibilidade de computador
2. Disponibilidade de biblioteca
3. Nível de formação do professor
4. Experiência do professor
5. Conhecimentos do professor
6. Treinamento em serviço do professor
7. Taxa de alunos por professor
8. Faltas do professor
9. Horas de escola por dia
10. Disponibilidade de reforço na escola.

Os resultados desses temas podem ser observados na Tabela 3. Como pode ser visto, as conclusões dos diferentes trabalhos são, em conjunto, surpreendentemente contraditórias. Mesmo selecionando-se apenas as melhores publicações, em nenhum dos temas foi possível identificar uma conclusão consensual. Embora se constatem maiorias brandas em alguns assuntos, as melhores publicações têm sistematicamente negado os resultados, umas das outras.

Tendo em vista o rigor utilizado na seleção dos artigos (iniciando com 9.000 publicações de todo o mundo, foram selecionadas apenas 79), fica assim evidente, de modo geral, a presença de fortes ambiguidades entre as conclusões encontradas na fase atual das análises quantitativas.

Tabela 3 – Seleção das melhores análises estatísticas e econométricas realizadas sobre a educação básica dos países em desenvolvimento

Variáveis Analisadas	Negativo Estatisticamente Significante	Negativo Estatisticamente Insignificante	Zero	Positivo Estatisticamente Insignificante	Positivo Estatisticamente Significante
1. Disponibilidade de Computador	1	5	1	3	4
2. Disponibilidade de Biblioteca	1	2	1	1	5
3. Nível de Formação do Professor	3	9	3	11	11
4. Experiência do Professor	3	11	1	13	7
5. Conhecimentos do professor	2	2	0	5	7
6. Treinamento em serviço do professor	1	6	0	5	6
7. Taxa de alunos por professor	13	13	2	12	9
8. Faltas do professor	4	3	1	0	0
9. Horas de escola por dia	1	1	0	1	2
10. Disponibilidade de reforço na escola	1	0	0	1	1

Fonte: Glewwe et al. (2011)

3

DIFERENÇAS DE DESEMPENHO NAS ESCOLAS PÚBLICAS BRASILEIRAS UTILIZANDO O ÍNDICE DE THEIL-L

Uma abordagem alternativa à estimação das funções de produção educacionais é a investigação direta das estatísticas de desempenho. Um estudo desse tipo, realizado sobre dados da Prova Brasil e do Censo Escolar de 2005, foi desenvolvido por Scorzafave e Ferreira (2011), que utilizaram o índice de Theil-L (1967) para analisar as diferenças de desempenho de 352 mil alunos do 5.º ano do ensino fundamental, estudantes das escolas públicas do estado de São Paulo[6].

O índice de Theil-L tem uma propriedade valiosa para essa discussão. Uma vez calculada sua medida de desigualdade, o resultado pode ser decomposto em diferentes agrupamentos dos indivíduos avaliados, verificando o quanto da desigualdade se dá dentro dos grupos, e o quanto se dá entre os grupos. O índice é calculado da seguinte forma:

$$L = \frac{1}{N} \sum_{i=1}^{N} ln \left(\frac{\overline{y}}{y_i} \right)$$

Onde N representa o número de alunos, $\overline{y}$ representa a média geral de todos os alunos, e y_i a nota do aluno i.

O índice pode ser decomposto com exatidão em dois componentes – desigualdade entre os grupos $\left(L_e \right)$ e desigualdade dentro dos grupos $\left(L_h \right)$ – da seguinte forma:

$$L = L_e + L_h$$

---

[6] No artigo original o "5.º ano" era ainda denominado de "4.ª série".

$$L_e = \sum_{h=1}^{K} \pi_h \, ln\left(\frac{\pi_h}{y_h}\right)$$

Onde K representa o número de grupos diferentes, π_h a proporção de alunos do grupo h, e y_h a proporção do somatório das notas correspondente ao grupo h.

$$L_h = \sum_{h=1}^{K} \pi_h \frac{1}{n_h} \sum_{i=1}^{n_h} ln \frac{\overline{y}_h}{y_{hi}}$$

Onde n_h representa o número de alunos do grupo h, y_{hi} a nota do aluno i do grupo h, e $\overline{y}_h$ a nota média dos alunos do grupo h.

A análise dos resultados do índice se realiza a partir do cálculo da *Contribuição Bruta* (CB) e *Contribuição Marginal* (CM) de cada nova variável adicionada. Ou seja, uma vez divididos os alunos em grupos a partir de uma característica (por exemplo, "renda familiar") a Contribuição Bruta dessa característica é calculada pela proporção que o componente da desigualdade entre os grupos L_e toma com relação à desigualdade total L :

$$CB = \frac{L_e}{L}$$

Por outro lado, ao se incluir mais uma característica explicativa na análise (por exemplo, agrupando-se os alunos a partir da renda familiar e pela escolaridade das mães), espera-se que a parcela da desigualdade observada entre os grupos L_e se eleve, elevando dessa forma a CB. É exatamente esse incremento gerado na CB pelo acréscimo da nova variável que corresponde à sua Contribuição Marginal (CM).

A interpretação da CB e da CM deve ser cuidadosa. Enquanto a CB de uma variável pode ser analisada isoladamente, a CM se refere especificamente à contribuição que a nova variável traz àquelas que já se encontravam nas definições de agrupamento. Ou seja, uma mesma variável pode apresentar uma elevada CM, ao ser adicionada a um grupo, e não apresentar ao ser adicionada a outro. O que irá determinar isso é exatamente a redundância explicativa das variáveis reunidas. Além disso, o cálculo da CM se defronta com uma limitação extra, pois, à medida que são adicionadas novas variáveis num mesmo agrupamento, o número de grupos possíveis a serem formados cresce rapidamente.

Assim, nas análises de Scorzafave e Ferreira (2011), o agrupamento dos alunos a partir de diferentes características das escolas chegou a apresentar uma CB de 13,55% com relação aos resultados de Matemática, e 12,13% quanto aos de Língua Portuguesa[7]. Ou seja, esses percentuais correspondem à magnitude das diferenças de desempenho atribuída às diferenças das escolas. Esses resultados, na realidade, incluíram também caracterizações referentes ao grupo de alunos presente em cada escola, como o percentual de alunos negros, de alunos fora da faixa etária etc.

Um desafio extra com o qual se defrontaram Scorzafave e Ferreira (2011) originou-se da opção pela avaliação individual dos alunos, uma vez que suas diferenças de desempenho podem mostrar-se especialmente influenciadas por características intrínsecas dos indivíduos, não observadas entre as variáveis explicativas disponíveis.

Dessa forma, para contornar essa dificuldade, optou-se pelo uso do índice de Theil-L em uma análise das diferenças observadas entre as médias das escolas, realizada sobre o período de que tratam os capítulos seguintes. Como essa opção levaria inevitavelmente a uma redução significativa do tamanho da amostra, ampliou-se o grupo investigado para todas as escolas públicas municipais ou estaduais do País, utilizando os dados do 5.º ano da Prova Brasil de 2011.

---

[7] Nas análises de Scorzafave e Ferreira (2011), os agrupamentos de maior poder explicativos se deram a partir de características dos alunos e das famílias, chegando a explicar 26,14% das diferenças da prova de Língua Portuguesa.

Tabela 4 – Estatísticas descritivas iniciais das escolas públicas analisadas pelo índice de Theil-L

Prova Brasil 2011	Língua Portuguesa	Matemática
Total de Escolas Analisadas	19.619	19.619
Média	172,72	188,90
Mediana	171,17	185,99
Desvio-Padrão	20,34	23,07
Nota Mínima	95,04	122,70
Nota Máxima	278,19	310,95

Fonte: o autor - cálculos próprios com os microdados da Prova Brasil de 2011 (Inep, 2012)

Os Gráficos 2 e 3 demonstram que as diferenças de desempenho mostram-se significativas entre as escolas, especialmente ao levar em conta que se trata apenas de escolas públicas estaduais e municipais. Deve-se chamar a atenção para o fato de que os resultados de Língua Portuguesa e Matemática são calculados em escalas distintas, não devendo, assim, ser comparados diretamente.

Gráfico 2 – Distribuição de frequência das escolas: média das notas de Língua Portuguesa (5.º ano do ensino fundamental – Prova Brasil de 2011)

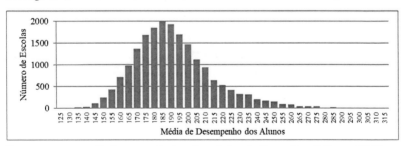

Fonte: o autor - cálculos a partir de microdados da Prova Brasil (Inep, 2012)

Gráfico 3 – Distribuição de frequência das escolas: média das notas de Matemática (5.º ano do ensino fundamental – Prova Brasil de 2011)

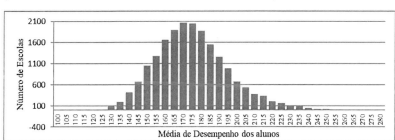

Fonte: o autor - cálculos a partir de microdados da Prova Brasil (Inep, 2012)

A opção pela análise das diferenças das escolas busca investigar mais diretamente a relevância das características escolares, reduzindo os impactos das características próprias dos alunos. Dessa forma, foram analisadas as contribuições de 83 aspectos diferentes das escolas, reunidos inicialmente em grupos de até seis. A partir desse valor, a CB passa a cair, na maioria dos casos, com o acréscimo de uma variável adicional (a CM, portanto, torna-se negativa). A origem dessa redução se encontra na redundância explicativa de caracterizações muito próximas. Ou seja, ao se analisar um número excessivo agrupamentos, os grupos passam a se tornar cada vez mais semelhantes, culminando na redução do L_e.

A Tabela 5 apresenta os primeiros resultados. Como pode ser constatado, os recursos administrativos disponíveis revelaram um elevado impacto sobre as diferenças de desempenho das escolas, superando inclusive as características socioeconômicas dos alunos[8].

---

[8] Diferente do que pode parecer, este resultado não contraria os resultados encontrados por Scorzafave e Ferreira (2011), uma vez que os grupos analisados são diferentes. Como são avaliadas aqui as diferenças das escolas, e não dos alunos, é de se esperar que o impacto das características próprias dos alunos seja suavizado, por seu anulamento mútuo no cálculo das médias.

Tabela 5 – Contribuição bruta das variáveis agrupadas sobre as diferenças de desempenho das escolas

Variáveis (5º ano – Prova Brasil de 2011)	Líng. Port.	Matemática
Recursos administrativos disponíveis na escola	20,64%	19,76%
Características socioeconômicas das famílias	17,92%	16,09%
Recursos para uso dos professores nas aulas	14,81%	13,88%
Características dos professores e seus recursos para planejamento das aulas	13,88%	13,21%
Segurança da escola I - estrutura física e rotinas	12,10%	10,97%
Uso efetivo da biblioteca	12,05%	11,83%
Estrutura física da escola: recursos adicionais	11,84%	11,55%
Localização (urbana x rural)	10,57%	8,78%
Livro didático e recursos pedagógicos em geral	9,56%	9,91%
Tamanho da escola	8,77%	7,31%
Outros recursos de áudio e vídeo	8,74%	8,26%
Estrutura da biblioteca	7,88%	7,52%
Segurança da escola II - policiamento e vigilância	6,06%	5,63%
Conservação do prédio I	5,32%	5,07%
Conservação do prédio II	5,29%	5,14%
Características das salas de aula e recursos financeiros em geral	3,69%	3,96%
Segurança da Escola III - Outras características	3,47%	3,32%
Dependência administrativa (municipal x estadual)	2,84%	2,52%

Fonte: o autor - cálculos a partir de microdados da Prova Brasil (Inep, 2012)

Em vista de cada um desses agrupamentos ter sua composição detalhada no Apêndice II, a discussão aqui feita se restringe às questões mais relevantes.

Com relação aos recursos administrativos, observa-se no detalhamento (Tabela 6) um elemento de destaque, a existência de linha telefônica na escola. Esse item se mostra especialmente importante, pois, além de ser o único com uma CM próxima a 5%, apresenta sozinho uma CB de 14,09%, superando inclusive a maioria das variáveis reunidas em diversos grupos da tabela anterior. Deve-se observar que, embora outros itens também revelem uma CB elevada, sua CM é baixa, mostrando uma baixa contribuição nas escolas que já dispõem de linha telefônica.

Tabela 6 – Detalhamento dos recursos administrativos da escola – Análise do índice de Theil-L

Variáveis (5.º ano do ensino fundamental – dados da Prova Brasil de 2011)	Língua Portuguesa		Matemática	
	Cont. Bruta	Cont. Marginal	Cont. Bruta	Cont. Marginal
Existência de linha telefônica na escola	14,09%	4,72%	13,52%	4,49%
Existência de aparelho de fax	8,63%	1,50%	8,74%	1,63%
Existência de computador para uso exclusivo da administração da escola	6,96%	1,40%	6,18%	1,24%
Existência de máquina copiadora	6,16%	1,17%	5,89%	1,19%
Existência de impressora	5,45%	0,83%	4,93%	0,81%
Existência de mimeógrafo	0,03%	0,00%	0,00%	0,00%

Fonte: o autor - cálculos a partir de microdados da Prova Brasil (Inep, 2012)

Ao se compararem as médias de Língua Portuguesa e Matemática das escolas que possuem ou não linha telefônica, percebe-se uma diferença de, respectivamente, 15,8 pontos e 17,4 pontos, valores próximos a cada desvio-padrão (Tabela 7).

Tabela 7 – Estatísticas descritivas dos resultados relacionados à existência de linha telefônica na escola

Existência de linha telefônica (5.º ano do ensino fundamental – dados da Prova Brasil de 2011)	Estado de conservação ruim ou inexistente	Estado de conservação bom ou regular	Não respondeu a esta pergunta
Quantidade de escolas	11.869	7.383	367
Média de Língua Portuguesa	166,65	182,44	173,38
Desvio-padrão - Língua Portuguesa	17,68	20,50	21,34
Média de Matemática	182,22	199,59	189,75
Desvio-padrão - Matemática	19,91	23,78	22,79

Fonte: o autor - cálculos a partir de microdados da Prova Brasil (Inep, 2012)

Ao se analisar a influência das principais características socioeconômicas dos alunos, percebe-se que o maior destaque é apresentado pelo percentual de crianças que trabalham fora de casa. Com relação às diferenças das análises tradicionais, chama a atenção o fato de a escolaridade da mãe ter demonstrado o menor impacto dentre essas variáveis (Tabela 8).

Tabela 8 – Detalhamento das características socioeconômicas das famílias – Análise do índice de Theil-L

Características socioeconômicas das famílias (5.º ano do ensino fundamental – dados da Prova Brasil de 2011)	Língua Portuguesa		Matemática	
	Cont. Bruta	Cont. Marginal	Cont. Bruta	Cont. Marginal
Trabalho infantil	11,78%	12,29%	9,43%	10,03%
Posse de televisão	3,03%	2,58%	3,41%	2,89%
Posse de automóvel	1,84%	2,44%	2,02%	2,58%
Escolaridade das mães	1,01%	1,16%	0,95%	1,16%

Fonte: o autor - cálculos a partir de microdados da Prova Brasil (Inep, 2012)

A divisão das escolas quanto às variáveis específicas de seus diversos alunos ou professores se deu em quartis. Com relação ao percentual de crianças que afirmou realizar algum trabalho fora de casa, por exemplo, as escolas que se localizaram no primeiro quartil alcançaram os melhores resultados nessa distribuição, superando, em 18,55 em Língua Portuguesa e 18,61 pontos em Matemática, as escolas localizadas no último quartil (Tabela 9). Com relação à escolaridade da mãe, essas diferenças foram significativamente menores, correspondendo respectivamente a 3,95 e 4,63 pontos (Tabela 10).

Com relação aos recursos para uso nas salas de aula, a participação das diversas variáveis incluídas não mostra nenhum destaque especial. Ou seja, é o conjunto de recursos como "acesso à internet para os alunos", "disponibilidade de retroprojetor" ou o "uso de DVDs educativos" que revela uma participação significativa.

Tabela 9 – Estatísticas descritivas dos resultados relacionados ao trabalho infantil

Trabalho Infantil (Percentual dos alunos do 5.º ano que afirmaram trabalhar fora de casa)	Limite Inferior		Limite Superior	
1.º quartil	0,0%		42,9%	
2.º quartil	42,9%		54,6%	
3.º quartil	54,6%		65,2%	
4.º quartil	65,2%		100,0%	
Trabalho Infantil (5.º ano do ensino fundamental – dados da Prova Brasil de 2011)	1.º quartil	2.º quartil	3.º quartil	4.º quartil
Quantidade de escolas	4.916	4.959	4.841	4.903
Média de Língua Portuguesa	183,56	173,49	168,74	165,01
Desvio-padrão - Língua Portuguesa	21,73	18,45	17,97	18,03
Média de Matemática	199,91	189,40	184,89	181,30
Desvio-padrão - Matemática	24,83	21,08	20,68	21,08

Fonte: o autor - cálculos a partir de microdados da Prova Brasil (Inep, 2012)

Tabela 10 – Estatísticas descritivas dos resultados relacionados à escolaridade da mãe

Escolaridade da Mãe (Média aproximada de anos de estudo das mães dos alunos do 5.º ano)	Limite Inferior	Limite Superior
1.º quartil	0,00	7,80
2.º quartil	7,80	8,50
3.º quartil	8,50	9,21
4.º quartil	9,21	14,00

Escolaridade da Mãe (5.º ano do ensino fundamental – dados da Prova Brasil de 2011)	1.º quartil	2.º quartil	3.º quartil	4.º quartil	Escolas sem resposta
Quantidade de escolas	4.903	4.902	4.905	4.899	10
Média de Língua Portuguesa	169,36	173,47	174,75	173,31	169,55
Desvio-padrão - Língua Portuguesa	19,45	19,70	20,11	21,61	20,11
Média de Matemática	185,27	189,47	190,98	189,90	174,81
Desvio-padrão - Matemática	22,18	22,30	22,85	24,47	22,85

Fonte: o autor - cálculos a partir de microdados da Prova Brasil (Inep, 2012)

Quanto às características dos professores e seus recursos para planejamento das aulas, observa-se uma diferença significativa entre a participação da variável de "acesso à internet para uso dos professores" e a variável de "salário médio dos professores" (Tabela 11). De fato, ao se analisarem as estatísticas descritivas relacionadas a essas duas variáveis, a questão do acesso à internet para uso dos professores se posiciona de modo especialmente importante, dividindo as escolas em dois grupos praticamente do mesmo tamanho. A metade das escolas que disponibiliza internet para os professores demonstrou um resultado médio de 10,85 pontos superior em Língua Portuguesa e 11,82 pontos em Matemática (Tabela 12).

Tabela 11 – Detalhamento das características dos professores e seus recursos para planejamento das aulas – Análise do índice de Theil-L

Características dos professores e seus recursos para planejamento das aulas (5.º ano do ensino fundamental – dados da Prova Brasil de 2011)	Língua Portuguesa		Matemática	
	Cont. Bruta	Cont. Marginal	Cont. Bruta	Cont. Marginal
Acesso à internet para uso dos professores	7,13%	2,53%	6,69%	2,28%
Computadores para uso dos professores	4,89%	1,04%	4,83%	1,09%
Professor com nível superior	4,78%	2,04%	4,50%	1,90%
Professor com pós-graduação	4,48%	1,77%	4,31%	1,72%
Salário médio dos professores	1,68%	1,29%	1,53%	1,23%

Fonte: o autor - cálculos a partir de microdados da Prova Brasil (Inep, 2012)

Tabela 12 – Estatísticas descritivas dos resultados relacionados à disponibilidade de internet para uso dos professores

Internet para uso dos professores	Estado de conservação ruim ou inexistente	Estado de conservação bom ou regular	Não respondeu à pergunta
Quantidade de escolas	9.410	b9.801	408
Média de Língua Portuguesa	167,20	178,05	172,09
Desvio-padrão - Língua Portuguesa	18,76	20,37	20,62
Média de Matemática	182,88	194,70	188,30
Desvio-padrão - Matemática	21,15	23,35	23,12

Fonte: o autor - cálculos a partir de microdados da Prova Brasil (Inep, 2012)

Com relação ao salário médio dos professores, observou-se uma discreta elevação entre os resultados das escolas do 1.º ao 3.º quartil, com uma queda no 4.º quartil. Entretanto, um número muito elevado de professores deixou de responder a essa pergunta, comprometendo conclusões mais decisivas em relação a este item (Tabela 13).

Tabela 13 – Estatísticas descritivas dos resultados relacionados ao salário dos professores

Salário do professor (salário médio dos professores do 5.º ano, medido em salários-mínimos)	Limite Inferior	Limite Superior
1.º quartil	0,13	1,08
2º quartil	1,08	1,75
3.º quartil	1,75	3,00
4.º quartil	3,00	10,00

Salário do professor (5.º ano do ensino fundamental – dados da Prova Brasil de 2011)	1.º quartil	2.º quartil	3.º quartil	4.º quartil	Escolas cujos professores não responderam a esta pergunta
Quantidade de escolas	2.783	2.789	2.951	2.447	8.649
Média de Língua Portuguesa	173,18	173,99	176,69	175,53	170,02
Desvio-padrão - Língua Portuguesa	20,06	20,94	20,89	20,02	19,75
Média de Matemática	189,57	190,42	193,18	191,60	185,97
Desvio-padrão - Matemática	22,69	24,04	24,07	22,41	22,31

Fonte: o autor - cálculos a partir de microdados da Prova Brasil (Inep, 2012)

Com relação aos agrupamentos realizados, uma variável em especial ainda se destaca das demais na composição denominada "Uso efetivo da biblioteca". O fato de a escola ter uma biblioteca com um profissional responsável apresentou sozinho uma contribuição bruta de 8,79% e 8,50% para as diferenças de desempenho nas avaliações de Língua Portuguesa e Matemática, respectivamente[9].

Deve-se observar que quase a metade das escolas não possui uma biblioteca com funcionário responsável, o que leva a uma diferença de 12,1 pontos na média de Língua Portuguesa e de 13,36 pontos na média de Matemática, a partir deste agrupamento.

Tabela 14 – Detalhamento das características do uso efetivo da biblioteca – Análise do índice de Theil-L

Uso efetivo da biblioteca (5.º ano do ensino fundamental – dados da Prova Brasil de 2011)	Língua Portuguesa		Matemática	
	Cont. Bruta	Cont. Marginal	Cont. Bruta	Cont. Marginal
Biblioteca com funcionário responsável pelo atendimento	8,79%	4,29%	8,50%	4,06%
Os alunos levam livros da biblioteca para casa	6,51%	1,08%	6,50%	1,11%
Os professores levam livros da biblioteca para casa	5,17%	0,65%	5,11%	0,67%
Quanto à biblioteca ou sala de leitura, os livros podem ser manuseados e emprestados	4,83%	0,89%	4,78%	0,88%
Os membros da comunidade levam livros da biblioteca para casa	4,25%	0,54%	4,29%	0,57%
Quanto à biblioteca ou sala de leitura, a comunidade pode utilizar o espaço e os livros	2,25%	0,72%	2,42%	0,64%

Fonte: o autor - cálculos a partir de microdados da Prova Brasil (Inep, 2012)

---

[9] A existência por si só de uma biblioteca mostrou uma CB de 7,36% em Língua Portuguesa e 7,08% em Matemática, e o fato de a biblioteca dispor de um acervo diversificado, capaz de despertar o interesse dos alunos, obteve respectivamente uma CB de 4,59% e 4,26%.

Tabela 15 – Estatísticas descritivas dos resultados relacionados à existência de biblioteca com funcionário responsável pelo atendimento

Biblioteca com funcionário responsável pelo atendimento (5.º ano do ensino fundamental – dados da Prova Brasil de 2011)	Não possui	Possui	Não possui biblioteca nem sala de leitura, ou não respondeu
Quantidade de escolas	9.663	8.616	1.340
Média de Língua Portuguesa	167,38	179,48	167,78
Desvio-padrão - Língua Portuguesa	18,41	20,67	18,48
Média de Matemática	183,00	196,36	183,40
Desvio-padrão - Matemática	20,60	23,92	20,34

Fonte: o autor - cálculos a partir de microdados da Prova Brasil (Inep, 2012)

Com relação a este agrupamento geral realizado inicialmente, as demais caracterizações revelam uma colaboração relativamente bem distribuída entre as variáveis originais. Entretanto, duas caracterizações de natureza distinta revelaram elevadas contribuições brutas, o "tamanho da escola" e a "localização da escola" (ver Tabela 5).

Nenhuma dessas duas características teria razões intrínsecas para relacionar-se com deficiências no aprendizado. Entretanto, ambas revelaram uma clara determinação sobre os resultados.

As escolas localizadas em áreas rurais apresentaram uma média 14,4 pontos inferior em Língua Portuguesa e 14,75 pontos em Matemática (Tabela 16). Tais resultados podem estar relacionados, inicialmente, a maior dificuldade em percorrer as distâncias até as escolas, o que não é uma condição inerente à localização, mas a uma deficiência na prestação do serviço de transporte escolar. Além disso, ao se realizar uma análise cruzada das variáveis, constatou-se uma maior incidência de alunos trabalhadores nessas escolas, e uma perversa inversão no princípio da equidade, ao se observar que esses alunos têm acesso às escolas com menos recursos e com professores menos preparados (Tabela 17).

Tabela 16 – Estatísticas descritivas dos resultados relacionados à localização urbana ou rural das escolas

Localização (5.º ano do ensino fundamental – dados da Prova Brasil de 2011)	Escola localizada em área rural	Escola localizada em área urbana
Quantidade de escolas	5.479	14.140
Média de Língua Portuguesa	162,34	176,74
Desvio-padrão - Língua Portuguesa	19,12	21,85
Média de Matemática	178,27	193,02
Desvio-padrão - Matemática	19,35	22,20

Fonte: o autor - cálculos a partir de microdados da Prova Brasil (Inep, 2012)

Tabela 17 – Estatísticas descritivas das análises cruzadas entre localização, trabalho infantil, recursos escolares e qualificação dos professores

Localização/Características (5.º ano do ensino fundamental – dados da Prova Brasil de 2011)	Mais de 65% das crianças trabalham fora de casa	Possui biblioteca com responsável	Possui linha telefônica	Mais de 50% dos professores possuem nível superior
Dentre as escolas localizadas em área rural	49,20%	28,57%	12,30%	60,90%
Dentre as escolas localizadas em área urbana	15,60%	54,18%	48,50%	78,50%

Fonte: o autor - cálculos a partir de microdados da Prova Brasil (Inep, 2012)

Com relação ao tamanho da escola, as estatísticas descritivas mostraram crescimento da nota a cada mudança de quartil, chegando a mais de 16 pontos, em ambas as provas, entre o primeiro e o último quartil (Tabela 18).

Tabela 18 – Estatísticas descritivas dos resultados relacionados ao tamanho das escolas

Tamanho da escola (A partir do número de alunos do 5.º ano avaliados)	Limite Inferior	Limite Superior
1.º quartil	1	23
2.º quartil	23	36
3.º quartil	36	58
4.º quartil	58	339

Posição da escola (5.º ano do ensino fundamental – dados da Prova Brasil de 2011)	1.º quartil	2.º quartil	3.º quartil	4.º quartil
Quantidade de escolas	4.926	4.948	4.922	4.823
Média de Língua Portuguesa	164,74	170,16	175,34	180,83
Desvio-padrão - Língua Portuguesa	19,87	18,96	18,95	19,99
Média de Matemática	180,77	186,13	191,72	197,17
Desvio-padrão - Matemática	22,37	21,60	21,90	23,11

Fonte: cálculos próprios com os microdados da Prova Brasil de 2011 (Inep, 2012)

Esse resultado poderia parecer contraditório, uma vez que os alunos das escolas menores poderiam dispor de maior atenção da gestão. O que ocorre, entretanto, é que essas escolas são mais frequentes nas áreas rurais, além de possuírem menos recursos e professores menos qualificados (Tabela 19).

A partir dessas análises, foram reunidas as cinco variáveis que apresentaram, juntas, a maior parcela de explicação das diferenças escolares nos agrupamentos (Tabela 20).

Assim, a partir dessas 83 variáveis utilizadas, o máximo de explicação que se conseguiu obter da diferença observada no desempenho entre as escolas através do índice de Theil-L foi de 27,4% em Língua Portuguesa e 24,6% em Matemática. Como as variáveis utilizadas na definição das funções de produção educacionais assemelham-se a estas, esse resultado termina por reforçar a hipótese de que uma das causas das dificuldades metodológicas discutidas na seção anterior se origina na ausência de elementos importantes nas análises realizadas.

Tabela 19 – Estatísticas descritivas das análises cruzadas entre tamanho da escola, recursos escolares e qualificação dos professores

Tamanho da escola a partir do número de alunos avaliados (5.º ano do ensino fundamental – dados da Prova Brasil de 2011)	Possuem biblioteca com responsável	Possuem linha telefônica	Mais de 50% dos professores possuem nível superior	Localizadas na área rural
Dentre as escolas do 1.º quartil na distribuição de tamanho	30,20%	21,00%	68,30%	56,30%
Dentre as escolas do 2.º quartil na distribuição de tamanho	41,10%	31,20%	70,30%	34,30%
Dentre as escolas do 3.º quartil na distribuição de tamanho	51,60%	43,60%	72,40%	14,90%
Dentre as escolas do 4.º quartil na distribuição de tamanho	65,30%	58,00%	83,50%	5,70%

Fonte: o autor - cálculos a partir de microdados da Prova Brasil (Inep, 2012)

Tabela 20 – Agrupamento de maior poder explicativo sobre as diferenças de desempenho entre as escolas – Análise do índice de Theil-L

Variáveis/Resultados (5.º ano do ensino fundamental – dados da Prova Brasil de 2011)	Língua Portuguesa		Matemática	
	Cont. Bruta	Cont. Marginal	Cont. Bruta	Cont. Marginal
	27,4%	-	24,6%	-
Existência de linha telefônica	14,09%	3,5%	13,52%	3,8%
Trabalho infantil	11,78%	3,9%	9,43%	3,0%
Localização urbano/rural	10,57%	2,5%	8,78%	2,1%
Biblioteca com funcionário responsável pelo atendimento	8,79%	2,9%	8,50%	3,0%
Tamanho da escola	8,77%	2,0%	7,31%	1,7%

Fonte: o autor - cálculos a partir de microdados da Prova Brasil (Inep, 2012)

4

ESTUDO DE CASO COMPARATIVO: AS POLÍTICAS DE ALFABETIZAÇÃO DO CEARÁ

4.1. O destaque do Ceará

Nesta seção, buscou-se identificar políticas educacionais que tenham demonstrado impactos significativos sobre o aprendizado dos alunos, e que sejam baseadas em elementos distintos daqueles contemplados na maioria das análises quantitativas.

Nesse sentido, o estudo das diferentes unidades da federação brasileira pode ser de grande utilidade, uma vez que reúne, ao mesmo tempo, grandes diferenças regionais e um sistema de avaliação unificado.

Assim, diante da grande diversidade de aspectos a serem analisados na educação básica, nos concentraremos a partir deste ponto na fase específica da alfabetização. Embora possa parecer um aspecto elementar, sua análise ganha um significado especialmente importante pela posição estratégica que ocupa em relação às diferentes etapas do ensino fundamental. Ou seja, uma educação de alto desempenho no 1.º e 2.º anos facilitaria o aprendizado no 3.º ano, e assim por diante.

A análise da alfabetização se mostra ainda mais crítica, ao se observar que nessa fase já se iniciam as grandes diferenças de desempenho entre as regiões brasileiras, que, dessa forma, se aprofundarão em toda a educação básica. Como pode ser visto no Gráfico 4, enquanto no estado do Paraná, da região Sul do Brasil, o percentual de crianças analfabetas aos oito anos de idade é de 4,9%, no estado nordestino de Alagoas, essa taxa chega a 35%.

Apesar de ainda apresentar uma taxa de analfabetismo elevada, deve-se chamar a atenção para o resultado do Ceará, pois revela uma mudança realizada em um curto período de tempo.

Gráfico 4 – Percentual de crianças não alfabetizadas aos oito anos de idade em 2010

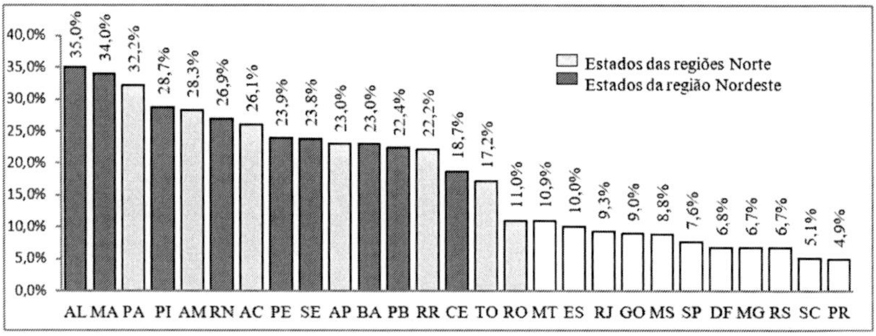

Fonte: o autor – elaborado a partir dos dados do Censo Demográfico de 2010 (IBGE)

Pode-se constatar que, historicamente, a alfabetização no Ceará tem demonstrado resultados semelhantes aos seus estados vizinhos. De modo geral, o Ceará tem se mantido por décadas com resultados um pouco inferiores aos da Bahia, Pernambuco e Rio Grande do Norte, e um pouco superiores aos do Piauí, Paraíba e Maranhão, alternando sua posição relativa com o estado do Sergipe (Gráfico 5).

Gráfico 5 – Percentual da população alfabetizada por faixas de idade em 2009

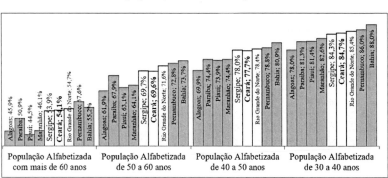

Fonte: o autor – elaborado a partir dos dados da PNAD (IBGE, 2009)

De fato, nos anos mais recentes, os resultados da alfabetização no Ceará parecem demonstrar avanços consideráveis. Apesar de o Ministério da Educação não realizar avaliações específicas para a alfabetização, o cálculo do Ideb[10] para os anos iniciais ilustra isso.

No Gráfico 6 observamos indícios de uma trajetória que parece convergir para os resultados das regiões Sul e Sudeste. Pode-se constatar a forte diferenciação regional em 2005, com todos os estados da região Nordeste, e, em menor grau, da região Norte, posicionados à esquerda no Gráfico 6. Em 2011, entretanto, já se observa algum distanciamento do Ceará em relação ao restante do Nordeste. Enquanto em 2005 o Ceará apresentava um resultado igual ao do estado de Sergipe, seu equivalente histórico, nos 6 anos seguintes o Ideb cearense cresceu a uma taxa anual de 9,0%, enquanto o Ideb sergipano cresceu a uma taxa de apenas 4,3%.

De fato, o estado do Ceará apresentou nesse período o maior crescimento acumulado do Ideb dentre todos os estados brasileiros, tanto em termos percentuais como em termos absolutos. Como resultado, pela primeira vez o Ideb de um estado nordestino se igualou à média do país.

Como o ensino fundamental no Ceará é essencialmente municipal, esses resultados se referem, na realidade, à trajetória independente de cada um dos 184 municípios cearenses. Embora a iniciativa desse processo esteja relacionada a uma série de ações e investimentos do governo estadual, do ponto de vista dos recursos utilizados diretamente na educação municipal, a construção efetiva dos resultados parece decorrer essencialmente de uma melhor utilização dos recursos físicos e humanos já existentes. Resta, entretanto, uma análise mais rigorosa, para que se possa identificar as origens desses resultados.

---

[10] O Ideb dos anos iniciais é calculado a partir das avaliações de proficiência do 5.º ano e das taxas de aprovação do 1.º ao 5.º ano. O cálculo completo está disponível em: http://download.inep.gov.br/educacao_basica/portal_ideb/o_que_e_o_ideb/Nota_Tecnica_n1_concepcaoIDEB.pdf.

Gráfico 6 – Ideb dos municípios brasileiros (Anos iniciais do ensino fundamental - Rede Pública)

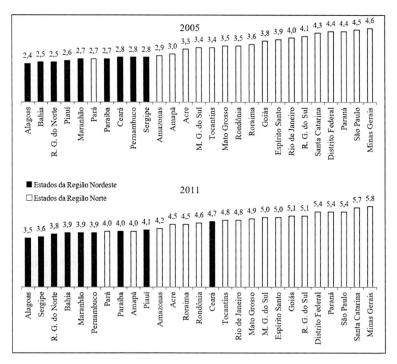

Fonte: o autor – cálculos realizados a partir das estatísticas do Ideb (Inep, 2012)

4.2. Avaliação de impacto do Programa Alfabetização na Idade Certa (PAIC)

O Governo do Estado de Ceará iniciou em 2007 o Programa Alfabetização na Idade Certa (PAIC), cujas ações concentram-se no 1.º e no 2.º ano do ensino fundamental. Dado que a Prova Brasil só avalia os alunos a partir do 5.º ano do ensino fundamental, e que a avaliação só é realizada a cada dois anos, a primeira avaliação dos alunos do 5.º ano que sofreram influência do PAIC só ocorreu de fato em 2011. Dessa forma, as avaliações de 2005, 2007 e 2009 serão utilizadas como referência de resultados antes do PAIC, e a avaliação de 2011, depois do PAIC. Além disso, assumimos que até o ano de 2011 não há impacto do PAIC sobre as demais unidades da federação.

Assim, para avaliar a relação entre o desempenho do Ceará e a implantação do PAIC, realizaremos uma análise contrafactual, na qual buscaremos uma estimativa dos resultados que o Ceará demonstraria caso não houvesse passado pela mudança de política. Nesse sentido, realizaremos um estudo de caso comparativo, onde as trajetórias observadas no desempenho dos outros estados brasileiros servirão de referência numa abordagem do tipo "tratamento" e "grupo de controle".

De modo geral, as técnicas empregadas em estudos de caso comparativo lidam com a busca de outro estado, ou um grupo de estados, cujas características se assemelhem ao Ceará, de tal forma que seja razoável assumir seus resultados como uma representação da trajetória contrafactual. Entretanto, a aplicação de métodos desse tipo costuma carregar ainda certo grau subjetividade na escolha do grupo de controle.

Para contornar essa dificuldade, utilizaremos o método de *Controle Sintético* proposto por Abadie e Gardeazabal (2003). Sua proposta trata-se da síntese dos resultados de um novo estado, que será utilizado como controle, a partir de uma combinação dos resultados das 26 unidades da federação restantes.

Assim, uma das principais vantagens do método se origina na escolha dos pesos que cada um dos outros estados irá assumir nessa combinação, a qual é realizada mediante um processo de otimização, que busca elevar ao máximo a proximidade entre o estado sintético e o estado analisado. Uma discussão formal sobre as propriedades do método é encontrada em Abadie *et al.* (2010). Apresentaremos aqui, entretanto, a descrição detalhada da aplicação.

Inicialmente considere que as 27 unidades da federação são representadas pelo índice i, onde i = 1, 2, ..., 27, destacando o Ceará como a região de número 1. O período analisado é composto pelos anos das avaliações da Prova Brasil, representados por t, onde t = 2005, 2007, 2009 e 2011. O produto analisado é representado por

$Y_{i,t}$, correspondendo à nota da unidade da federação i na avaliação De Língua Portuguesa do 5.º ano do ensino fundamental, no ano t.

Considere $Y^I_{1,2011}$ como a nota alcançada pelo Ceará após a implantação PAIC em 2011, e $Y^N_{1,2011}$ como a nota contrafactual, que o estado assumiria caso não houvesse implantado o PAIC. Dessa forma, o objetivo será estimar $\alpha_{1,2011}$, que mede o efeito da mudança de política sobre a nota do Ceará, onde: $\alpha_{1,2011} = Y^I_{1,2011} - Y^N_{1,2011}$. Assim, como $Y^I_{1,2011}$ é observado, para estimar $\alpha_{1,2011}$ resta estimar $Y^N_{1,2011}$.

Para a construção da análise considere $U_i = \left(u_{i,1}, u_{i,2}, u_{i,3}, u_{i,4} \right)'$ um vetor de ordem 4×1, formado pelos valores de quatro variáveis explicativas. Tais variáveis possuem um significado apenas transversal no modelo, assumindo um único valor para todos os períodos. Assim, mesmo que as variáveis apresentem natureza temporal, o método prevê o uso de combinações dos valores observados nos diferentes períodos disponíveis, cujos pesos podem ser definidos pelo pesquisador. Neste caso, como foram utilizados apenas os períodos mais recentes de 2009 e 2011, adotou-se uma média aritmética simples (uma das opções propostas por Abadie *et al.* (2010).

Para compor U_i foram selecionadas as quatro variáveis que apresentaram maior poder explicativo sobre as diferenças nos resultados das escolas, identificadas na seção anterior pelas análises do índice de Theil-L:

- Percentual dos alunos que não trabalham fora de casa.
- Percentual de alunos cujas escolas possuem linha telefônica.
- Percentual de alunos cujas escolas possuem uma biblioteca com funcionário para atendimento.
- Percentual de alunos cujas escolas encontram-se em área urbana.

Para construir a unidade de controle sintético é preciso ainda definir um vetor $W = \left(w_2, \ldots, w_{27} \right)'$, com $w_i \geq 0$, e $\sum_{i=2}^{27} w_i = 1$. Esse vetor, de ordem 26×1, é formado pelos pesos que as demais unidades da federação irão assumir na síntese da nova região. Cada W possível, portanto, representa uma média ponderada diferente, capaz de produzir uma unidade de controle sintético diferente.

Dessa forma, uma 28.ª unidade da federação será sintetizada, a qual denominaremos, a partir deste ponto, de *Ceará Sintético*, representada por $i = 28$, onde:

$$Y_{28,t} = \sum_{i=2}^{27} w_i Y_{i,t} \tag{1}$$

Essa nova unidade apresentará o valor contrafactual de $Y_{1,2011}^{N}$, representado por $Y_{28,2011}$, que será a estimativa do resultado do Ceará em 2011, caso o estado não houvesse implantado o PAIC. Além disso, o estado Ceará Sintético apresentará também seus próprios valores de U_i para os anos anteriores, formados também pela combinação dos diferentes estados:

$$U_{28} = \sum_{i=2}^{27} w_i U_i \tag{2}$$

O caso ideal de W^* seria o que alcançasse para $t = 2005, 2007$ e 2009, os seguintes resultados:

$$Y_{1,t} = \sum_{i=2}^{27} w_i^* Y_{i,t} \tag{3}$$

$$U_1 = \sum_{i=2}^{27} w_i^* U_i \tag{4}$$

Entretanto, deve-se observar que o vetor de pesos W^* possui uma única ponderação que será utilizada em cada um desses anos. Ou seja, é provável que sejam encontradas desigualdades entre as notas do Ceará e Ceará Sintético. Nesse caso, se não for encontrando o vetor W^* capaz de atender a (3) e (4), deve-se buscar o vetor que produza a maior aproximação possível. Assim, Abadie e Gardeazabal (2003) propõem a escolha de W^* a partir de um processo de otimização, para o qual definiremos outros elementos necessários.

Até este ponto já foram definidas quatro variáveis, $u_{i,1}, u_{i,2}, u_{i,3}$ e $u_{i,4}$, que compõem o modelo, além das notas dos estados $Y_{i,t}$. Adicionaremos mais uma variável formada pela média das notas dos anos anteriores à implantação da nova política, que será:

$$u_{i,5} = \frac{Y_{i,2005} + Y_{i,2007} + Y_{i,2009}}{3}$$

Para $i = 1,2,3\ldots 27$.

Com o acréscimo dessa nova variável, podemos então definir as seguintes matrizes:

$$X_1 = \begin{bmatrix} u_{1,1} \\ \vdots \\ u_{1,5} \end{bmatrix}_{5\times 1}$$

$$X_0 = \begin{bmatrix} u_{2,1} & \cdots & u_{27,1} \\ \vdots & u_{i,j} & \vdots \\ u_{2,5} & \cdots & u_{27,5} \end{bmatrix}_{5\times 26}$$

$$Y_1 = \begin{bmatrix} Y_{1,2005} \\ Y_{1,2007} \\ Y_{1,2009} \end{bmatrix}_{3\times 1}$$

$$Y_0 = \begin{bmatrix} Y_{2,2005} & \cdots & Y_{27,2005} \\ Y_{2,2007} & \cdots & Y_{27,2007} \\ Y_{2,2009} & \cdots & Y_{27,2009} \end{bmatrix}_{3\times 26}$$

$$V = \begin{bmatrix} v_1 & \cdots & 0 \\ \vdots & v_j & \vdots \\ 0 & \cdots & v_5 \end{bmatrix}_{5\times 5}$$

Onde V é diagonal, positiva semidefinida. Nesta matriz, cada v_j servirá para ponderar a soma dos quadrados das diferenças observadas entre cada variável $u_{1,j}$ do Ceará, e o valor correspondente do Ceará Sintético, $u_{28,j}$.

Assim, no processo de otimização, identifica-se inicialmente $W^*(V)$ capaz de minimizar a seguinte expressão:

$$X_1 - X_0 W \boldsymbol{v} = \sqrt{(X_1 - X_0 W)' V (X_1 - X_0 W)} \qquad (5)$$

Em seguida, o vetor $W^*(V)$ encontrado pela minimização de (5) é utilizado para identificar V^*, através da minimização de (6)[11]:

$$(Y_1 - Y_0 W^*(V))'(Y_1 - Y_0 W^*(V)) \qquad (6)$$

Dessa forma, foram identificados os seguintes valores da diagonal principal da matriz V^*, dispostos na Tabela 21.

Tabela 21 – Avaliação de impacto com Controle Sintético: pesos das variáveis explicativas (cálculo da diagonal principal da matriz V)

Variáveis	Pesos
Alunos que não trabalham fora de casa	41,7%
Alunos de escolas em áreas urbanas	0,50%
Alunos de escolas com telefone	16,5%
Alunos de escolas que tem biblioteca com funcionário	31,0%
Média dos resultados da Prova Brasil de 2005, 2007, 2009	10,4%

Fonte: o autor - cálculos a partir de microdados da Prova Brasil (Inep, 2012)

Como pode ser visto, embora a localização "urbano x rural" da escola tenha se mostrado significativa para explicar a diferença entre as escolas na seção anterior, não se mostrou significativa em termos estaduais[12].

---

[11] Para a aplicação do método de controle sintético, os autores disponibilizam o pacote computacional **Synth**, para uso no ambiente para computação estatística **R**. A equação (5) é resolvida através de uma função de otimização quadrática limitada (Karatzoglou, Smola, Hornik, e Zeileis 2004), e (6) através de um algoritmo baseado no cálculo de derivadas. Para detalhes, ver Abadie, Diamond e Hainmueller (2011).

[12] Uma explicação para isso é que nas escolas esse percentual assume apenas valores extremos de 0% ou 100%. Assim, ao se analisar em termos estaduais, tais diferenças terminam se tornando mais suaves. Resultados desse tipo são comuns, caso não se considerem os diferentes níveis analisados. Para se avaliar simultaneamente diferentes níveis, são utilizados métodos como dos *Modelos Hierárquicos Lineares* (Lee, 2000), mais apropriados.

O vetor W* estimado pode ser visto na Tabela 22.

Tabela 22 – Avaliação de impacto com Controle Sintético: pesos das unidades da federação (cálculo do vetor *W*)

UF	Pesos	UF	Pesos
AC	40,4226%	PB	0,0000%
AL	0,0000%	PE	0,0002%
AM	0,0000%	PI	0,0000%
AP	0,0000%	PR	0,0000%
BA	0,0000%	RJ	0,0000%
DF	0,0000%	RN	59,5755%
ES	0,0000%	RO	0,0000%
GO	0,0000%	RR	0,0014%
MA	0,0000%	RS	0,0000%
MG	0,0001%	SC	0,0000%
MS	0,0000%	SE	0,0000%
MT	0,0000%	SP	0,0000%
PA	0,0000%	TO	0,0000%

Fonte: o autor - cálculos a partir de microdados da Prova Brasil (Inep, 2012)

Como pode ser observado, o método levou à construção dos resultados do Ceará Sintético mediante a combinação de 40,4% dos resultados do Acre, 59,6% dos resultados do Rio Grande do Norte e 0,001% de outros estados.

Dessa forma, as notas dos estados de tratamento e controle podem ser comparadas. Podemos observar, no Gráfico 7 e na Tabela 23, que as trajetórias dos estados do Ceará e Ceará Sintético se mostraram semelhantes até o ano de 2009. A partir de 2011, entretanto, os resultados do Ceará passam a superar os resultados do Ceará Sintético.

Assim, a partir do método utilizado, a nota do Ceará em 2011, caso o estado não passasse pela mudança de política educacional, seria de 175,67 pontos, ou seja, 3,38 pontos a mais que a avaliação anterior de 2009.

A nota real alcançada, entretanto, obtida com a implantação do PAIC, foi de 183,44 pontos, o que representou um crescimento observado de 11,15 pontos. Esses resultados, portanto, apontam para uma identificação positiva dos impactos reais no programa.

Gráfico 7 – Avaliação de impacto com Controle Sintético: trajetória real do Ceará e trajetória estimada sem o Programa Alfabetização na Idade Certa (PAIC) (nota de Língua Portuguesa – 5.º ano do ensino fundamental/Prova Brasil)

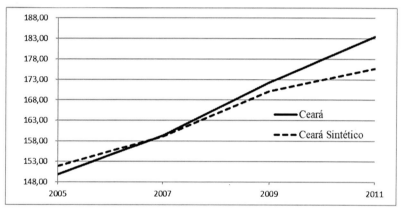

Fonte: o autor - cálculos a partir de microdados da Prova Brasil (Inep, 2012)

Tabela 23 – Avaliação de impacto com Controle Sintético: notas reais do Ceará e notas estimadas sem o Programa Alfabetização na Idade Certa (PAIC)

Resultados da Prova Brasil – Avaliação de Língua Portuguesa do 5.º ano do ensino fundamental		Ceará	Ceará Sintético
Período sem do PAIC	2005	149,82	151,84
	2007	159,4	159,12
	2009	172,29	170,11
Período com o PAIC	2011	183,44	175,67

Fonte: o autor - cálculos a partir de microdados da Prova Brasil (Inep, 2012)

Para avaliar a significância dessas estimativas, é necessário identificar a probabilidade de um resultado dessa magnitude ocorrer se um outro estado, escolhido aleatoriamente, fosse avaliado. Assim, realizaremos para isso testes do tipo *placebo*, como Bertrand, Duflo, e Mullainathan (2004), Abadie e Gardeazabal (2003), de maneira semelhante ao realizado por Abadie *et al.* (2010).

A metodologia utilizada de testes com placebos trata-se, na realidade, da avaliação de impacto do PAIC nos estados onde o programa não existe. Ou seja, se a incidência de resultados semelhantes aos do Ceará se revelar elevada, as conclusões desta avaliação podem se mostrar comprometidas.

Duas questões devem ser levantadas antes das análises dos resultados com placebos. A primeira refere-se ao fato de que os testes com placebo assumem, implicitamente, que em nenhum outro estado foi implantado um programa com efeitos semelhantes aos do PAIC. Como não dispomos de informações suficientes para garantir isso, os resultados devem ser analisados com cautela, concentrando-se principalmente na frequência relativa de resultados semelhantes, buscando uma aproximação do cálculo da significância, como realizado por Abadie *et al.* (2010).

A questão seguinte se refere à qualidade de cada teste, que deve ser analisada a partir da afinidade observada entre os estados reais e seus respectivos controles sintéticos. Ou seja, durante o período que antecede à intervenção avaliada, é necessário que ambos os estados, real e sintético, apresentem trajetórias significativamente semelhantes em cada uma das unidades da federação utilizadas na inferência.

Dessa forma, para avaliar essa afinidade é utilizada a medida do Erro Quadrático Médio (EQM), calculado a partir da diferença entre o estado real e seu correlato sintético. Após a produção dos 26 estados de controle sintético, observa-se que seus ajustamentos às trajetórias dos estados originais variam significativamente (Gráfico 8).

Gráfico 8 – Erro Quadrático Médio observado entre cada estado e seu respectivo controle sintético (período que antecede o tratamento com placebo)

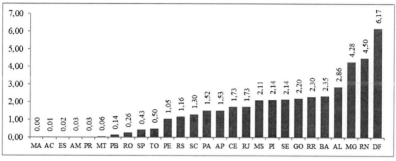

Fonte: o autor - cálculos a partir de microdados da Prova Brasil (Inep, 2012)

Para que se possa avaliar graficamente, analisaremos diretamente as diferenças encontradas entre os estados reais e sintéticos. No caso do Ceará, que, em comparação às demais unidades da federação, apresentou um grau de ajustamento intermediário, observa-se a diferença oscilando em torno de zero no período pré-PAIC, com um salto positivo no ano de 2011 (Gráfico 9).

Gráfico 9 – Desvios observados entre os resultados do Ceará e de seu Controle Sintético (Prova Brasil - Língua Portuguesa: 5.º ano do ensino fundamental)

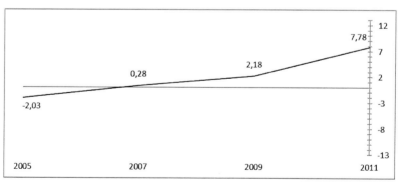

Fonte: o autor - cálculos a partir de microdados da Prova Brasil (Inep, 2012)

Assim, devido às diferenças observadas no grau de ajustamento dos estados, avaliaremos os grupos separadamente, como realizado por Abadie *et al.* (2010).

Dentre as 10 unidades da federação com melhor ajustamento, as quais apresentaram EQM inferior a 1, nenhuma apresentou um desvio semelhante ao do Ceará, de 7,78 (apontado pela seta no gráfico), o que indica para um nível de significância de 0%.

Gráfico 10 – Análise de inferência 1 - desvios observados entre os testes com placebo e os respectivos controles sintéticos nas 10 unidades da federação com EQM menor que 1

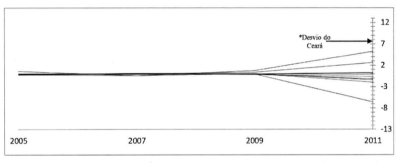

Fonte: o autor - cálculos a partir de microdados da Prova Brasil (Inep, 2012)

Elevando-se o tamanho da amostra para 16, percebe-se a ocorrência de um desvio naquela magnitude. Tal resultado pode ser interpretado como uma probabilidade de 6,3% (1 caso em 16) de a avaliação apresentar um resultado semelhante ao do Ceará, ao escolher aleatoriamente um outro estado para ser avaliado (Gráfico 11).

Gráfico 11 – Análise de inferência 2 - desvios observados entre os testes com placebo e os respectivos controles sintéticos nas 16 unidades da federação com EQM menor que 2

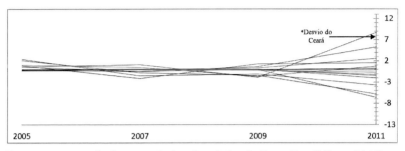

Fonte: o autor - cálculos a partir de microdados da Prova Brasil (Inep, 2012)

O Gráfico 12 apresenta os resultados do teste com 23 unidades da federação, incluindo todas as unidades com EQM menor que 4. Nesse caso, observa-se a inclusão de mais um estado com desvio semelhante ao do Ceará, elevando a probabilidade identificada para 8,7% (2 em 23).

Gráfico 12 – Análise de inferência 3 - desvios observados entre os testes com placebo e os respectivos controles sintéticos nas 23 unidades da federação com EQM menor que 4

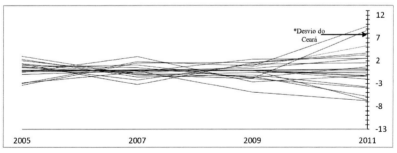

Fonte: o autor - cálculos a partir de microdados da Prova Brasil (Inep, 2012)

Finalmente, com a introdução de todas as 26 unidades da federação testadas com placebo, percebe-se que o ajustamento observado entre as unidades testadas atinge seu limite máximo de comprometimento (Gráfico 13).

Gráfico 13 – Análise de inferência 4 - desvios observados entre os testes com placebo e os respectivos controles sintéticos nas 26 unidades da federação do grupo de controle

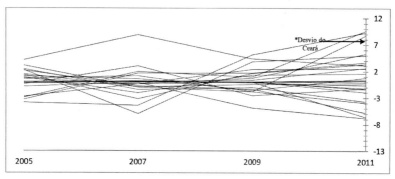

Fonte: o autor - cálculos a partir de microdados da Prova Brasil (Inep, 2012)

Neste caso, o nível de confiabilidade da avaliação atinge seu menor valor, chegando a uma probabilidade de 11,5% (3 em 26) de um estado testado com placebo apresentar um resultado semelhante ao do Ceará.

Dentre esses resultados, a análise de inferência 1 apresenta claramente o melhor ajustamento, o que pode ser visto no Gráfico 10 como uma linha quase perfeita no período pré-PAIC. Entretanto, o EQM nesse caso se mostra excessivamente restritivo, de modo que nem mesmo o Ceará seria selecionado.

Desse ponto de vista, as análises 2 e 3 se mostram preferíveis às demais, por manterem o tamanho da amostra próximo do máximo observado, excluindo apenas as três unidades da federação que de fato demonstraram um grau de ajustamento significativamente inferior às demais.

Assim, os testes com placebo chegaram a resultados semelhantes ao que seria um nível de significância entre 6,3% e 8,7%. Dessa forma, a análise de inferência corrobora as conclusões positivas a respeito dos impactos do PAIC sobre o desempenho dos alunos na avaliação de Língua Portuguesa do 5.º ano do ensino fundamental.

5

NOVOS ELEMENTOS PARA EXPLICAR A QUALIDADE DA EDUCAÇÃO

5.1. O que aprendemos com as experiências do Ceará

Para identificar os elementos que explicam os resultados encontrados no Ceará, dispõe-se de uma série de estudos e relatórios, além do material de natureza descritiva de promoção do Programa Alfabetização na Idade Certa (PAIC). Entretanto, uma análise mais detalhada foi desenvolvida acerca de uma experiência anterior, que possibilitou, em grande parte, esses resultados. Trata-se da política de alfabetização implantada no município de Sobral, cuja posterior ascensão do prefeito a governador do Ceará levou os gestores locais da educação municipal à liderança estadual.

Assim, no ano de 2005, o órgão oficial da avaliação da educação do Brasil, o Inep, desenvolveu uma pesquisa específica para investigar os diferentes resultados encontrados em Sobral:

> [...] dispondo apenas dos recursos financeiros ordinários alocados pelo município para a educação, sem fugir à condição de dificuldades e de carências com que se defronta a maior parte dos municípios brasileiros, [...] os impressionantes resultados alcançados estão minuciosamente apresentados ao longo desta publicação (Inep, 2005, p. 12).

Uma variedade de resultados contidos nesse e noutros documentos podem ilustrar o motivo da atenção dedicada pelo Inep a Sobral. Para os objetivos desta discussão, entretanto, três resultados essenciais se mostram especialmente importantes:

- Entre 2001 e 2004, o percentual de alunos alfabetizados do 2.º ano do ensino fundamental elevou-se de 48% para 95,7%;
- Nesse mesmo período, o percentual de abandono nos anos iniciais do ensino fundamental reduziu-se de 9,6% para 0,5%;
- Dentre todos os municípios de médio ou grande porte do Brasil, apenas Sobral (CE) e Foz do Iguaçu (PR) alcançaram um Ideb em 2011 superior a 6 em 100% de suas escolas.

Diante disso, Maia (2006) identifica os elementos essenciais condutores dos resultados. Dentre os que poderiam ser encontrados nas análises quantitativas tradicionais estão:

- Elementos relacionados ao volume de recursos escolares: construção e ampliação de escolas, bibliotecas, quadras esportivas, melhorias dos serviços de merenda escolar e transporte, maior disponibilização de livros e materiais didáticos, realização de concursos para professores e, em especial, a ampliação de ensino fundamental de oito para nove anos;
- Elementos da gestão municipal: nucleação das escolas (absorção de escolas muito pequenas por escolas maiores), colaboração com a rede e mecanismos de premiação e incentivo para as escolas;
- Elementos da gestão escolar: aperfeiçoamento do processo de seleção de gestores, formação em serviço dos gestores e autonomia das escolas.

A partir deste ponto, entretanto, serão analisados com maior profundidade os elementos de impacto ainda ausentes nas análises quantitativas. Um deles se refere à Intervenção Pedagógica. Ou seja, a determinação das metodologias de ensino mais apropriadas para os alunos do município. Essa questão é evidenciada por dois aspectos essenciais da política educacional de Sobral:

Aspecto 1: foi identificado que os livros disponíveis só se mostravam adequados para um grupo específico de alunos, os quais já haviam desenvolvido, em etapas anteriores, habilidades mínimas de leitura. A partir disso, o município passou a elaborar livros mais apropriados para o grupo de alunos restantes:

> [Constatou-se que] os livros didáticos distribuídos pelo PNLD para a 1ª série, e quiçá para as séries subsequentes, supõem nível de proficiência em leitura muito superior àquele em que se encontram os alunos, sendo portanto, sub-utilizados, e no caso da 1ª série, provavelmente inócuos (Maia, 2006).

Aspecto 2: foram identificados grupos de alunos nas mesmas turmas com grandes diferenças em suas proficiências de leitura. Dessa forma, foram utilizadas metodologias distintas para esses grupos:

> Conforme apontava um segundo diagnóstico [...] havia crianças analfabetas em todas as séries do ensino fundamental, e em muitas escolas era possível formar turmas inteiras de crianças de 2ª, de 3ª e 4ª série que não sabiam ler. [...] Essa situação, hoje relativamente comum às escolas públicas brasileiras, mina qualquer possibilidade de organização pedagógica e de coerência curricular, e suscita nos professores uma atitude mista de impotência e indiferença, na medida em que não têm como prestar atendimento individualizado aos seus alunos, que podem encontrar-se em estágios muito diferenciados de proficiência quanto à leitura e escrita (Maia, 2006).

> [Decidiu-se] formar turmas inteiras de alunos de 2ª, 3ª ou 4ª série, ou quando necessário, turmas mistas de 2ª e 3ª e/ou 4ª série, em que se passou a trabalhar a aprendizagem da leitura e da escrita, competência que deveria ter sido adquirida em momento anterior. Os alunos que num ano eram bem sucedidos na aquisição destas habilidades, retornavam no ano seguinte a uma turma regular de sua série convencional (Maia, 2006).

5.2 O modelo de Resultados Escolares

A partir das análises dos especialistas em educação, a modelagem matemática proposta a seguir oferece ferramentas para se explicar três elementos essenciais com relação ao melhor aproveitamento dos recursos observados no caso do Ceará.

1.º Elemento: uso sistemático de avaliações padronizadas do aprendizado.

A discussão técnica realizada no Ceará sobre a educação básica é especialmente fundamentada pela existência do Sistema Permanente de Avaliação da Educação Básica do Ceará (SPAECE). Embora tenha sido ampliado em 2007, o SPAECE é o mais antigo sistema estadual de avaliação do país, avaliando anualmente todos os alunos das escolas públicas do 2.º, 5.º e 9.º anos do ensino fundamental e todos os alunos da rede estadual das três séries do ensino médio.

Dessa forma, o modelo proposto possibilita a demonstração dos benefícios trazidos pelo uso sistemático de avaliações externas do aprendizado, inicialmente com a identificação de um resultado geral para a escola, e de modo mais intensivo, com resultados individuais dos alunos.

2.º Elemento: a escolha correta da melhor metodologia de ensino para cada escola.

O modelo proposto demonstra os benefícios da escolha correta de uma metodologia de ensino que, embora seja ainda única para toda a escola ou região, é escolhida dentre as que melhor se adéquem às características específicas de seus alunos.

3.º Elemento: o tratamento diferenciado para os alunos que mais necessitam.

O modelo proposto prevê os benefícios do uso simultâneo de diferentes metodologias na mesma escola, a partir dos diferentes tipos de alunos identificados.

Assim, o modelo é proposto da seguinte forma:

Seja k a dotação de cada aluno de uma característica específica sua, que se mostre diretamente ao seu desempenho.

Seja r a dotação da escola de um recurso didático.

Seja $M = \{m_1, \ldots, m_T\}$ o conjunto das possíveis metodologias de uso do recurso disponível.

Seja Y o resultado da atividade educacional, a partir de uma função de produção educacional:

$$Y = Y(k, m, r)$$

com $\dfrac{\partial Y}{\partial k}, \dfrac{\partial Y}{\partial r} \geq 0$

A partir de $Y(k, m, r)$ pode-se definir uma função $\bar{m}(k)$ que indica a metodologia m que maximiza y para determinado k, independente do valor de r:

$$m = \bar{m}(k)$$

Como a metodologia é então definida em função de k, podemos substituir a função $Y(\cdot)$ por uma versão simplificada $\bar{y}(\cdot)$:

$$Y(k, \bar{m}(k), r) = \bar{y}(k, r)$$

Onde $\bar{y}(k, r)$ indica o produto máximo Y que o aluno do tipo k produz, com o recurso r, caso a metodologia utilizada seja $\bar{m}(k)$.

Assim, se a escola tem todas as informações a respeito da função de produção educacional e do tipo de aluno na escola, escolhe a metodologia $\bar{m}(k)$, maximizando o resultado Y. Entretanto, se a informação a respeito do tipo de aluno é imperfeita, a escola utiliza uma estimativa $\hat{k}$.

Dessa forma, a escolha da metodologia passa a ser em função de $\hat{k}$, e o produto será:

$$Y(k, \bar{m}(\hat{k}), r) = y(k, \hat{k}, r)$$

Para cada nível de dotação k, existem então dois produtos diferentes, o produto potencial $\bar{y}(k, r)$, alcançado se a metodologia utilizada for $\bar{m}(k)$, e o produto observado $Y = y(k,\hat{k},r)$, originado da expectativa $\hat{k}$, que leva à escolha de $\bar{m}(\hat{k})$. Assim:

$$\hat{k} \neq k \Leftrightarrow y(k,\hat{k},r) \leq \bar{y}(k,r)$$

5.3. Uma aplicação do modelo: Como o Ceará melhorou o desempenho na alfabetização

Considere a seguinte aplicação do modelo, baseada nos elementos apontados anteriormente:

Seja y o nível de leitura que o aluno atinge ao final do 2.º ano do ensino fundamental.

Seja k o nível prévio de leitura obtido pelo aluno na etapa anterior (1.º ano).

Seja r a dotação do recurso didático da escola para uso no 2.º ano.

Considere uma função de produção potencial $\bar{y}(k,r)$, com:

$$\frac{\partial \bar{y}}{\partial k}, \frac{\partial \bar{y}}{\partial r} \geq 0$$

$$\frac{\partial^2 \bar{y}}{\partial k^2}, \frac{\partial^2 \bar{y}}{\partial r^2} \leq 0$$

Seja uma função de produção educacional $y = y(k,\hat{k},r)$, com:

$$y(k,\hat{k},r) < \bar{y}(k,r) \Leftrightarrow k \neq \hat{k}$$

$$y(k,\hat{k},r) = \bar{y}(k,r) \Leftrightarrow k = \hat{k}$$

Assim, na análise gráfica, o eixo das ordenadas mede o nível de leitura obtido ao final do 2º ano, que é o produto educacional y analisado. O eixo das abcissas indica o nível k de leitura dos alunos, desenvolvido no ano anterior. A curva $\bar{y}(k,r)$ mede o resultado máximo que o aluno com nível k alcançaria, caso a escola adotasse a metodologia ideal para ele.

Se a escola adota $\hat{k} = \hat{k}_2$, a função de produção educacional será $y = y(k, \hat{k}_2, r)$. Assim, a curva $y(k, \hat{k}_2, r)$ indica o resultado efetivo alcançado pelo aluno do tipo k, para uma estimativa $\hat{k}_2$ estabelecida pela escola. Suponha, por questões didáticas, que k seja distribuído de modo homogêneo entre os alunos. Dessa forma, o resultado educacional será a área abaixo da curva $y(k, \hat{k}_2, r)$ (Figura 1).

Figura 1 – Resultados Escolares a partir de uma metodologia definida para alunos do tipo $\hat{k}_2$

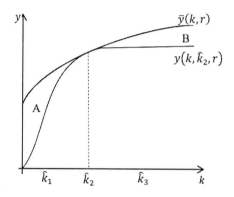

Fonte: o autor

Para os alunos que possuem um nível prévio de leitura k igual ao suposto pela escola $\hat{k}_2$, a metodologia adotada será de fato a mais adequada, e os alunos atingirão todo seu potencial, com $\bar{y}(k, r) = y(k, \hat{k}_2, r)$.

Entretanto, para os alunos cujo k é diferente de $\hat{k}_2$, o resultado final é inferior ao potencial. As distâncias entre as duas curvas observadas nas áreas A e B representam o prejuízo de aprendizado, dependendo do nível real dos alunos.

A área A representa o prejuízo para os alunos com $k < \hat{k}_2$. Nesse caso, como sua dotação k é menor que a estimativa estabelecida pela escola, o material didático utilizado pressupõe habilidades que de fato ainda não foram desenvolvidas, como descrito por Maia

(2006). Quanto mais distante for o k verdadeiro do $\hat{k}_2$, maior será o prejuízo dos alunos.

A área B representa o prejuízo dos alunos que chegaram ao 2.º ano com habilidades de leitura mais desenvolvidas que o esperado pela escola, ou seja, alunos cujo k é maior que $\hat{k}_2$. Esses alunos desenvolverão todo o potencial esperado para alunos com k igual a $\hat{k}_2$, mas não chegarão ao potencial determinado de habilidades.

Por outro lado, se a escola eleva suas expectativas para $\hat{k}_3$, a função de produção passa a ser $y = y(k, \hat{k}_3, r)$. Nesse caso, o prejuízo dos alunos mais preparados se reduz, o que pode ser visto pela redução da área B. Entretanto, o prejuízo dos menos preparados se eleva mais ainda, indicado pela ampliação da área A (Figura 2):

Figura 2 – Resultados Escolares a partir de uma metodologia definida para alunos do tipo $\hat{k}_3$

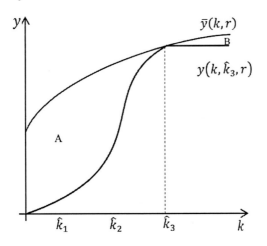

Fonte: o autor

Na Figura 3 pode ser observado o caso oposto, quando a escola espera um aluno com menor habilidade. Nesse caso, os alunos mais preparados permanecerão abaixo do seu potencial, aproveitando menos os recursos disponíveis, o que é visto pela ampliação da área

B. Por outro lado, como a metodologia é mais apropriada para os alunos com mais dificuldade, estes passam a utilizar melhor os recursos disponíveis, e desenvolvem seu potencial, reduzindo a área A.

Figura 3 – Resultados Escolares a partir de uma metodologia definida para alunos do tipo $\hat{k}_1$

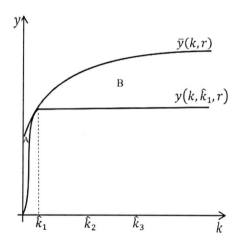

Fonte: o autor

Com isso, demonstra-se a importância das avaliações sistemáticas, por possibilitarem a identificação ideal do $\hat{k}$, e a escolha correta da metodologia.

No caso analisado por Maia (2006), optou-se pelo tratamento diferenciado dos alunos, de acordo com suas necessidades. Em outras palavras, implementou-se simultaneamente mais de uma função de produção, aproximando os resultados de cada grupo de alunos dos seus respectivos potenciais. Graficamente, observa-se isso pela fragmentação das áreas de prejuízo entre as áreas C, D, E e F, cuja soma é inferior a quaisquer combinações das áreas A e B dos casos anteriores (Figura 4):

Figura 4 – Resultados Escolares a partir do uso simultâneo de diferentes metodologias para alunos do tipo $\hat{k}_1, \hat{k}_2$ e $\hat{k}_3$.

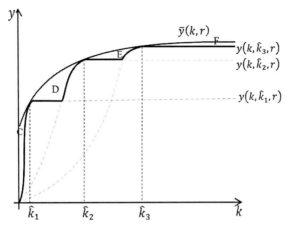

Fonte: o autor

5.4. Extensões do modelo

O modelo pode receber um tratamento mais formal, incluindo a possibilidade de avaliar diversos tipos de características dos alunos ou recursos escolares. Além disso, os próprios resultados educacionais analisados podem ser diversificados, como ocorre de fato. Ou seja, as políticas educacionais podem buscar a elevação das médias gerais nas avaliações em larga escala, mas podem buscar, ao mesmo tempo, um nível mínimo de aprendizado para cada aluno, ou ainda promover estímulos extras para alunos mais talentosos. Além disso, o risco envolvido na escolha realizada pela escola de metodologias novas também pode se mostrar um elemento significativo, o que poderia explicar, por exemplo, os resultados alcançados a partir da divulgação sistemática de casos de sucesso, das experiências de parcerias entre escolas etc.

Dessa forma, é apresentado a seguir o modelo em sua forma completa.

Seja $\mathcal{H} = \{h_1, \ldots, h_N\}$ o conjunto de N diferentes características dos alunos e de suas famílias, as quais podem assumir valores identificados no conjunto $\mathbb{R}$ diretamente, ou indiretamente, através de variáveis do tipo *dummy*.

Dessa forma, existe uma função $B: \mathcal{H} \to^N$ capaz de representar as diferentes possibilidades de caracterização dos alunos e suas famílias.

Assim, para cada aluno existirá um vetor $K \in \mathbb{R}^N$, de ordem $N \times 1$, capaz de caracterizá-lo em termos de suas dotações pessoais e familiares, onde k_n apresenta a dotação do aluno com relação à característica h_n.

Existem T diferentes vetores do tipo K, reunidos no conjunto $\mathcal{K} = (K_1, \ldots, K_T) \in \mathbb{R}^{N \times T}$.

Os alunos que possuem o mesmo vetor do tipo

K_t fazem parte de um grupo específico G_t.

Cada escola possui um vetor $\boldsymbol{a} = (a_1, \ldots, a_T)$ de ordem $T \times 1$, que indica as quantidades de alunos dos grupos G_1 a G_T.

Seja $\boldsymbol{S} = \{s_1, \ldots, s_W\}$ o conjunto de W diferentes recursos escolares, onde a dotação da escola de cada recurso s_w pode ser identificada diretamente através do volume total, ou indiretamente, através de variáveis do tipo *dummy*.

Existe uma função $R: S \to \mathbb{R}^W$ capaz de representar as diferentes dotações da escola através de um vetor de dotação dos recursos escolares $\boldsymbol{r} = (r_1, \ldots, r_W)$, de ordem $W \times 1$.

Cada dotação r_w [pode ser utilizada no processo educacional através de T metodologias diferentes, reunidas no conjunto $m = \{m_1, \ldots, m_T\}$.

Para cada um dos grupos G_t, a escola escolherá uma metodologia específica, para a aplicação de cada recurso r_w, através de uma matriz de tecnologia $M_{T \times W}$. Existem V possíveis matrizes do tipo M, reunidas no conjunto **M**.

Seja o *Conjunto Geral de Resultados* $\mathcal{E} = \{e_1, \ldots, e_I\}$, formado por I diferentes tipos de resultados das atividades educacionais.

Cada um desses resultados e_i pode assumir valores diretamente, ou indiretamente, através de variáveis do tipo *dummy*.

Dessa forma, existe uma função $\mathcal{Y}: \mathcal{E} \to \mathbb{R}^I$, de modo que qualquer resultado poderá ser representado por um vetor de resultados gerais $Y = \{y_1, \ldots, y_I\} \in \mathbb{R}^I$.

Existem D possíveis resultados gerais Y, de modo que $Y = \{Y_1, \ldots, Y_D\} \in \mathbb{R}^{I \times D}$ é a *Matriz de Possibilidade de Resultados*.

Existem incertezas na produção dos resultados, avaliadas por $\mathcal{L} = (L_1, \ldots, L_V) \in \mathbb{R}^{D \times V}$, o conjunto de V loterias $L_v = (p_{v1}, \ldots, p_{vD}) \in \mathbb{R}^D$. Dessa forma, p_{vd} é a probabilidade dada pela loteria L_v do resultado Y_d ocorrer, para $d = 1, \ldots, D$, de modo que $p_{vd} \geq 0$ e $\sum_d p_{vd} = 1$, para $v = 1, \ldots, V$. Cada matriz M_v escolhida leva à escolha da loteria L_v.

Seja uma relação de preferência $\succeq$, definida em $\mathcal{L}$, de modo que exista uma função de utilidade $U: L \to \mathbb{R}$, com $U(L_v) = u_v$ para $v = 1, \ldots, V$, tal que para quaisquer $L_v, L_s \in L$, com $L_v \succeq L_s$, observa-se $u_v \geq u_s$.

O processo educacional realizado em cada escola é formado a partir dos vetores r, a, e M, que compõe os fatores educacionais X.

Assim, dados os conjuntos de $\mathcal{H}, \mathcal{K}, S, \mathcal{E}, M$ e $\mathcal{L}$, e as funções B, R, $\mathcal{Y}$ e U, a escola observa seus vetores r e a, sua relação de preferência $\succeq$ e escolhe uma matiz de metodologias M que produz maior utilidade u para si. Esse processo é realizado pela *Função de Produção Educacional* $\mathcal{F}: X \to \mathcal{L}$, com $\mathcal{F}(X_g) = L_g$.

CONSIDERAÇÕES FINAIS

Neste estudo constatou-se que as pesquisas mais recentes têm atribuído à qualidade da educação básica um papel de destaque no crescimento econômico. Todavia, observou-se que embora a maioria dos países do mundo, entre os quais o Brasil, tenha elevado consideravelmente o acesso à educação, a qualidade não tem evoluído na mesma proporção.

Em seguida, verificou-se que diversas pesquisas na área das Ciências Econômicas têm contribuído para uma maior compreensão dos determinantes da qualidade. Entretanto, apesar do avanço observado em questões específicas, ainda persistem diversas dificuldades quanto ao estabelecimento de consensos nas análises empíricas.

Assim, com o objetivo de investigar a influência no desempenho escolar das variáveis mais utilizadas nessas pesquisas, realizou-se uma análise do índice de desigualdade de Theil, medindo as diferenças observadas no 5.º ano das escolas públicas brasileiras. Dessa forma, utilizando os resultados da Prova Brasil de 2011, período de consolidação do PAIC, chama a atenção o impacto do trabalho infantil, que chega a explicar cerca de 10% da desigualdade. Além disso, com relação aos alunos de áreas rurais, observou-se uma significativa distorção no princípio da equidade, que fundamenta a educação pública. Ou seja, essas crianças, além da maior dificuldade de acesso à escola, também apresentaram a maior incidência de trabalho infantil, as escolas menos equipadas e os professores menos qualificados. Dada a relevância destes resultados, propõe-se uma análise utilizando dados atualizados para verificar sua evolução na última década.

Em especial, a análise dos resultados do índice de Theil verificou que, dentre as possíveis combinações de variáveis, aquela que demonstrou maior influência explica cerca de um quarto da desigualdade observada.

Assim, diante do elevado percentual da desigualdade ainda não explicado, buscou-se identificar outros fatores relacionados ao desempenho das escolas. Para isso, realizou-se a análise de um caso real de política educacional, avaliando seu impacto por meio do método de *Controle Sintético* (Abadie; Gardeazabal, 2003). Trata-se de um programa específico desenvolvido no estado do Ceará, cujos resultados do Ideb das séries iniciais apresentaram o maior crescimento, tanto em termos percentuais quanto absolutos, dentre todos os estados do Brasil, entre 2005 e 2011. Essa análise mostrou-se especialmente útil nesta pesquisa, por tratar-se de uma política que busca uma melhor utilização dos recursos já disponíveis nos municípios, não afetando, dessa forma, as variáveis anteriormente analisadas.

A partir da comprovação dos resultados da política avaliada, identificaram-se as principais pesquisas, desenvolvidas por especialistas em Educação, que discutiam o caso do Ceará. Dessa forma, foram encontrados pelo menos três fatores distintos, que se mostraram relacionados ao maior desempenho dos alunos: o uso sistemático de *avaliações padronizadas*, a escolha correta da *metodologia de ensino* e, em um caso específico de maior destaque, o uso simultâneo de *metodologias diferenciadas* na mesma escola. Dessa forma, desenvolveu-se uma proposta de modelo matemático, que se mostrou capaz de incluir esses fatores em suas análises.

O modelo de *Resultados Escolares*, assim chamado, partiu do princípio estabelecido pelos especialistas da área de que a escolha da metodologia de ensino apropriada depende, pelo menos em parte, de características específicas dos alunos.

A partir disso, numa aplicação do modelo para o caso do Ceará, foi possível explicar, mediante análise estritamente quantitativa, que o aproveitamento de um recurso disponível pode variar entre as escolas, a depender da forma como é utilizado. Assim, o modelo possibilita a explicação dos resultados contraditórios apontados por Glewwe *et al.* (2011).

Em seguida, finalizou-se este estudo com a formalização da proposta de um modelo matemático mais abrangente. Assim, o modelo estendido inclui outros recursos para o desenvolvimento de análises quantitativas, como loterias, para análises que envolvam risco, e um tratamento matricial, que permite a análise conjunta de diferentes objetivos educacionais, diferentes recursos escolares, diferentes caracterizações dos alunos, entre outros.

REFERÊNCIAS

ABADIE, Alberto; DIAMOND, Alexis; HAINMUELLER, Jens. Synth: An R package for synthetic control methods in comparative case studies. *Journal of Statistical Software*, [Austria], v. 42, n. 13, 1-17, 2011. Disponível em: http://www.jstatsoft.org/v42/i13/. Acesso em: 8 ago. 2012.

ABADIE, Alberto; DIAMOND, Alexis; HAINMUELLER, Jens. synthetic control methods for comparative case studies: estimating the effect of California's tobacco control program. *Journal of the American Statistical Association*, [Londres], v. 105, n. 490, p. 493-505, 2010.

ABADIE, Alberto; GARDEAZABAL, Javier. The economic costs of conflict: a case study of the Basque country. *The American Economic Review*, Flórida, Estados Unidos, v. 93, n. 1, p. 112-132, 2003.

ALDERMAN, Harold; BLEAKLEY, Hoyt. 2011. Child health and educational outcomes. *In*: GLEWWE, Paul. *Education policy in developing countries*: what do we know, and what should we do to understand what we don't know? Chicago, Estados Unidos: Universidade de Chicago, 2011. Conferência feita em 4-5 fev. 2011 em Minessota. p. 107-136.

AZARIADIS, Costas; DRAZEN, Allan. Threshold Externalities in Economic Development. *Quarterly Journal of Economics*, Cambridge, Estados Unidos, v. 105, n. 2, p. 501-526, 1990.

BARRO, Robert J. Economic growth in a cross section of countries. *Quarterly Journal of Economics*, Cambridge, Estados Unidos, v. 106, n. 2, p. 407-443, maio 1991.

BARRO-LEE EDUCATIONAL ATTAINMENT DATASET. [Blog]. [*S. l.*], c2024. Disponível em: http://www.barrolee.com/. Acesso em: 7 ago. 2018.

BENHABIB, Jess; SPIEGEL, Mark M. Human capital and technology diffusion. *In*: AGHION, Philippe; DURLAUF, Steven. *Handbook of Economic Growth*. Amsterdam: Elsevier, 2005. p. 935-966.

BERTRAND, Marianne; DUFLO, Esther; MULLAINATHAN, Sendhil. How much should we trust difference-in-differences estimates?. *The Quarterly Journal of Economics*, Cambridge, Estados Unidos, v. 119, p. 249-275, 2004. DOI: 10.1162/003355304772839588.

CHIANG, Alpha C.; WAINWRIGHT, Kevin. *Matemática para economistas*. 4. ed. Brasil: Elsevier & Campus, 2006.

COHEN, Daniel; SOTO, Marcelo. Growth and human capital: Good data, good results. *OECD Development Centre*, [*s. l.*], v. 11, set. 2001. Technical Paper 179.

COLEMAN, James S.; CAMPBELL, Ernest Q.; HOBSON, Carol J.; MCPARTLAND, James; MOOD, Alexander M.; WEINFELD, Frederic D.; YORK, R. L. *Equality of Educational Opportunity*. Washington, DC: Office of Education and Welfare, 1966.

GLEWWE, Paul; KREMER, Michael; MOULIN, Sylvie; ZITZEWITZ, Eric. Retrospective vs. prospective analyses of school inputs: the case of flip charts in Kenya. *Journal of Development Economics*, [*s. l.*], v. 74, n. 1, p. 251-268, 2004.

GLEWWE, Paul; KREMER, Michael; MOULIN, Sylvie. Many children left behind? textbooks and test scores in Kenya. *American Economic Journal*: Applied Economics, Tennessee, Estados Unidos, n.1, p. 112-35, 2009.

GLEWWE, Paul. *Education policy in developing countries*: what do we know, and what should we do to understand what we don't know? Chicago, Estados Unidos: Universidade de Chicago, 2011. Conferência feita em 4-5 fev. 2011 em Minessota.

GREENE, William H. *Econometric Analysis*. 4. ed. New York: Universidade de New York, Stern School of Business, 2003.

FRISCH, Ragnar. "Editorial". *Econometrica*, Cleveland, Ohio, v. 1, n. 1, p. 4, 1933. Disponível em: https://www.jstor.org/stable/1912224. Acesso em: 13 jan. 2025.

HANUSHEK, Eric A. Interpreting recent research on schooling in developing countries. *World Bank Research Observer*, Oxônia, Reino Unido, v.10, n. 2, p. 227-246, ago. 1995.

HANUSHEK, Eric A.; WÖSSMANN, Ludger. The role of education quality in economic growth. *World Bank Policy*, n. 4122, p. 1-94, fev. 2007.

HANUSHEK, Eric A.; KIMKO, Dennis D. Schooling, labor force quality, and the growth of nations. *American Economic Review*, Flórida, Estados Unidos, v. 90, n. 5, p. 1184-1208, dez. 2000.

INSTITUTO BRASILEIRO DE GEOGRAFIA E ESTATÍSTICA. *Microdados do Censo Populacional de 2010*. Brasília, DF: IBGE, 2012a. Disponível em: http://www.ibge.gov.br/home/estatistica/populacao/censo2010/default. shtm. Acesso em: 7 ago. 2012.

INSTITUTO BRASILEIRO DE GEOGRAFIA E ESTATÍSTICA. *Microdados da PNAD 2009*. Brasília, DF: 2012b. Disponível em: ftp://ftp.ibge.gov. br/Trabalho_e_Rendimento/Pesquisa_Nacional_por_Amostra_de_ Domicilios_anual/microdados/reponderacao_2001_2009/PNAD_ reponderado_2009.zip. Acesso em: 7 ago. 2012.

INSTITUTO NACIONAL DE ESTUDOS E PESQUISAS EDUCACIONAIS ANÍSIO TEIXEIRA. *Vencendo o desafio da aprendizagem nas séries iniciais*: a experiência de Sobral/CE. Brasília, DF: Inep/MEC, 2005.

INSTITUTO NACIONAL DE ESTUDOS E PESQUISAS EDUCACIONAIS ANÍSIO TEIXEIRA. *Microdados da Prova Brasil 2011*. Brasília, DF: Inep, 2012a. Disponível em: ftp://ftp.inep.gov.br/microdados/microdados_ prova_brasil_2011.zip. Acesso em: 7 ago. 2012.

INSTITUTO NACIONAL DE ESTUDOS E PESQUISAS EDUCACIONAIS ANÍSIO TEIXEIRA. *Estatísticas do Ideb*. Brasília, DF: Inep, 2012b. Disponível em: http://download.inep.gov.br/educacao_basica/portal_ideb/planilhas_ para_download/divulgacao-anos-iniciais-municipios-2011.xls. Acesso em: 7 ago. 2012.

KHANDKER, Shahidur R.; KOOLWAL, Gayatri B.; SAMAD, Hussain A. *Handbook on impact evaluation: quantitative methods and practices.* Washington, DC: The World Bank, 2010.

KARATZOGLOU, Alexandros.; SMOLA, Alexandros.; HORNIK, Kurt.; ZEILEIS, Achim. Kernlab - An S4 Package for Kernel Methods in R. *Journal of Statistical Software*, [Austria], v. 11, n. 9, p. 1-20, 2004. Disponível em: http://www.jstatsoft.org/v11/i09/. Acesso em: data.

KREMER, Michael. Randomized evaluations of educational programs in developing countries: some lessons. *American Economic Review*, Flórida, Estados Unidos, v. 93, n. 2, p. 102-104, maio 2003.

KREMER, Michael; MIGUEL, Edward; THORNTON, Rebecca. Incentives to learn. *Review of Economics and Statistics*, local, v. 91, n. 3, p. 437-456, ago. 2009.

KRUEGER, Alan B.; LINDAHL, Mikael. Education for growth: why and for whom? *Journal of Economic Literature*, local, v. 39, n. 4, p. 1101-1136, dez. 2001.

LEE, Valerie E. Using hierarchical linear modeling to study social contexts: the case of school effects. *Educational Psychologist*, v. 35, n. 2, p. 125-41, 2000.

LEVINE, Ross; RENELT, David. A sensitivity analysis of cross-country growth regressions. *American Economic Review*, Flórida, Estados Unidos, v. 82, n. 4, p. 942-963, set. 1992.

LOCHNER, Lance. "Non-Production Benefits of Education: Crime, Health, and Good Citizenship". *In*: HANUSHEK, Eric A.; MACHIN, Stephen; WOESSMANN, Ludger (ed.). *Handbook of the Economics of Education*. Amsterdam: North Holland, 2011. p. 183-282.

LUCAS, Robert. On the mechanics of economic development. *Journal of Monetary Economics*, Chicago, Estados Unidos, v. 22, n. 2, p. 3-42, 1998.

MAIA, Maurício Holanda. *Aprendendo a marchar*: os desafios da gestão municipal do ensino fundamental e da superação do analfabetismo escolar. 2006. Tese (Doutorado em Educação Brasileira) – Universidade Federal do Ceará, Fortaleza, 2006.

MANKIW, N. Gregory; ROMER, David; WEIL, David. A contribution to the empirics of economic growth. *Quarterly Journal of Economics*, Cambridge, Estados Unidos, v.107, n. 2, p. 407-437, maio 1992.

MINCER, Jacob. The Distribution of Labor Incomes: A survey with special reference to the human capital approach. *Journal of Economic Literature*, Tennessee, Estados Unidos, v. 8, n. 1, p. 1-26, 1970. Disponível em: https://econpapers.repec.org/article/aeajeclit/v_3a8_3ay_3a1970_3ai_3a1_3ap_3a1-26.htm. Acesso em: 9 ago. 2024.

MINCER, Jacob. The Human Capital Earnings Function. *In*: MINCER, Jacob. *Schooling, experience, and earnings*. Cambridge, Estados Unidos: NBER, 1974. Disponível em: https://www.nber.org/system/files/chapters/c1767/c1767.pdf. Acesso em: 13 jan. 2025.

ORGANISATION FOR ECONOMIC CO-OPERATION AND DEVELOPMENT. Programme for International Student Assessment. *Knowledge and skills for life*. Paris: OECD/PISA, 2001. Disponível em: http://www.oecd.org/edu/preschoolandschool/programmeforinternationalstudentassessmentpisa/33691596.pdf. Acesso em: 8 ago. 2023.

PETTY, William [1690]. *Political arithmetick*. Cambridge, Estados Unidos: The University Press, 1899.

ROMER, Paul. Endogenous technological change. *Journal of Political Economy*, Chicago, Estados Unidos, v. 99, n. 5, parte 2, p. 71-102, 1990a.

ROMER, Paul. Human capital and growth: Theory and evidence. *Carnegie-Rochester Conference Series on Public Policy*, Chicago, Estados Unidos, v. 32, p. 251-286, 1990b.

SACHS, Jeffrey. *O fim da pobreza*: como acabar com a miséria mundial nos próximos vinte anos. São Paulo: Companhia das Letras, 2005.

SALA-I-MARTIN, Xavier; DOPPELHOFER, Gernot; MILLER, Ronald I. Determinants of long-term growth: a Bayesian Averaging of Classical Estimates (BACE) approach. *American Economic Review*, Flórida, Estados Unidos v. 94, n. 4, p. 813-835, set. 2004.

SAMUELSON, Paul. Alvin Hansen as a creative economic theorist. *Quarterly Journal of Economics*, Cambridge, Estados Unidos, v. 90, p. 25, 1976.

SCORZAFAVE, Luiz Guilherme; FERREIRA, Rodrigo Araujo. Desigualdade de proficiência no Ensino Fundamental público brasileiro: uma análise de decomposição. *EconomiA*, Brasília, DF, v. 12, n. 2, p. 337-359, maio/ago. 2011.

SIANESI, Barbara; REENEN, John Van. The returns to education: macroeconomics. *Journal of Economic Surveys*, Nova Jersey, Estados Unidos, v.17, n. 2, p. 157-200, 2003.

STRATHERN, Paul. *Uma breve história da Economia*. Rio de Janeiro: Zahar, 2003.

TEMPLE, Jonathan. Growth effects of education and social capital in the OECD countries. *OECD Economic Studies*, Paris, n. 263, p. 57-101, 2001.

THEIL, Henri. *Economics and information theory*. Chicago, Estados Unidos: Rand McNally and Company, 1967.

TOPEL, Robert. Labor markets and economic growth. *In*: TOPEL, Robert. *Handbook of labor economics*. Amsterdam: Elsevier, 1999. p. 2943-2984.

VON NEUMANN, Jhon; MORGENSTERN, Oscar. *Theory of games and economic behavior*. Princenton, Estados Unidos: Princenton University Press, 1944.

APÊNDICE I: ESTATÍSTICAS DESCRITIVAS DAS ESCOLAS ANALISADAS

1. Quanto à dependência administrativa	Escolas Estaduais	Escolas Municipais
Quantidade de Escolas	3.763	15.856
Média de Língua Portuguesa	179,76	171,05
Desvio Padrão - Língua Portuguesa	21,12	19,79
Média de Matemática	196,33	187,13
Desvio Padrão - Matemática	24,05	22,47
2. Quanto à localização	**Escola localizada em área rural**	**Escola localizada em área urbana**
Quantidade de Escolas	5.479	14.140
Média de Língua Portuguesa	162,34	176,74
Desvio Padrão - Língua Portuguesa	19,12	21,85
Média de Matemática	178,27	193,02
Desvio Padrão - Matemática	19,35	22,20

3. Quanto ao telhado	Estado de conservação ruim	Estado de conservação bom ou regular	Não respondeu a esta pergunta
Quantidade de Escolas	2.471	16.935	213
Média de Língua Portuguesa	170,78	173,03	170,76
Desvio Padrão - Língua Portuguesa	19,64	20,44	18,22
Média de Matemática	186,34	189,31	186,02
Desvio Padrão - Matemática	21,74	23,26	20,83

4. Quanto às paredes	Estado de conservação ruim	Estado de conservação bom ou regular	Não respondeu a esta pergunta
Quantidade de Escolas	1.693	17.731	195
Média de Língua Portuguesa	168,81	173,14	168,94
Desvio Padrão - Língua Portuguesa	19,55	20,38	19,22

Média de Matemática	184,19	189,40	184,52
Desvio Padrão - Matemática	21,78	23,16	20,80
5. Quanto ao piso	**Estado de conservação ruim**	**Estado de conservação bom ou regular**	**Não respondeu a esta pergunta**
Quantidade de Escolas	3.071	16.258	290
Média de Língua Portuguesa	167,88	173,70	169,00
Desvio Padrão - Língua Portuguesa	19,06	20,43	20,46
Média de Matemática	183,40	190	185,52
Desvio Padrão - Matemática	21,31	23,23	23,52
6. Quanto à entrada da escola	**Estado de conservação ruim**	**Estado de conservação bom ou regular**	**Não respondeu a esta pergunta**
Quantidade de Escolas	2.592	16.672	355
Média de Língua Portuguesa	167,24	173,65	168,96
Desvio Padrão - Língua Portuguesa	19,23	20,38	19,40
Média de Matemática	182,73	189,96	184,06
Desvio Padrão - Matemática	21,36	23,19	21,70
7. Quanto ao pátio	**Estado de conservação ruim ou inexistente**	**Estado de conservação bom ou regular**	**Não respondeu a esta pergunta**
Quantidade de Escolas	4.487	14.685	447
Média de Língua Portuguesa	167,25	174,46	170,60
Desvio Padrão - Língua Portuguesa	19,28	20,40	18,62
Média de Matemática	182,77	190,85	186,18
Desvio Padrão - Matemática	21,37	23,29	21
8. Quanto aos corredores	**Estado de conservação ruim**	**Estado de conservação bom ou regular**	**Não respondeu a esta pergunta**
Quantidade de Escolas	3.471	15.760	388

Média de Língua Portuguesa	166,07	174,28	168,95
Desvio Padrão - Língua Portuguesa	18,60	20,45	18,38
Média de Matemática	181,64	190,61	184,18
Desvio Padrão - Matemática	20,61	23,33	19,73
9. Quanto às salas de aula	Estado de conservação ruim	Estado de conserva-ção bom ou regular	Não respon-deu a esta pergunta
Quantidade de Escolas	2.039	17.252	328
Média de Língua Portuguesa	167,70	173,39	168,93
Desvio Padrão - Língua Portuguesa	18,87	20,43	19,44
Média de Matemática	182,88	189,71	183,81
Desvio Padrão - Matemática	20,80	23,23	21,90
10. Quanto às portas	Estado de conservação ruim	Estado de conserva-ção bom ou regular	Não respon-deu a esta pergunta
Quantidade de Escolas	3.405	15.898	316
Média de Língua Portuguesa	167,93	173,79	170,47
Desvio Padrão - Língua Portuguesa	19,19	20,46	18,91
Média de Matemática	183,67	190,09	185,05
Desvio Padrão - Matemática	21,08	23,35	21,02
11. Quanto às janelas	Estado de conservação ruim ou inexistente	Estado de conserva-ção bom ou regular	Não respon-deu a esta pergunta
Quantidade de Escolas	4.321	14.847	451
Média de Língua Portuguesa	168,09	174,13	170,67
Desvio Padrão - Língua Portuguesa	18,48	20,68	19,24
Média de Matemática	183,62	190,49	187,08
Desvio Padrão - Matemática	20,50	23,59	21,43

12. Quanto aos banheiros	Estado de conservação ruim ou inexistente	Estado de conservação bom ou regular	Não respondeu a esta pergunta
Quantidade de Escolas	5.351	13.847	421
Média de Língua Portuguesa	168,63	174,39	169,99
Desvio Padrão - Língua Portuguesa	19,18	20,57	19,52
Média de Matemática	184,55	190,68	185,57
Desvio Padrão - Matemática	21,45	23,50	20,90
13. Quanto à cozinha	Estado de conservação ruim ou inexistente	Estado de conservação bom ou regular	Não respondeu a esta pergunta
Quantidade de Escolas	3.407	15.702	510
Média de Língua Portuguesa	167,94	173,85	169,98
Desvio Padrão - Língua Portuguesa	19,35	20,44	18,73
Média de Matemática	183,69	190,13	185,67
Desvio Padrão - Matemática	21,58	23,27	21,33
14. Quanto às instalações hidráulicas	Estado de conservação ruim ou inexistente	Estado de conservação bom ou regular	Não respondeu a esta pergunta
Quantidade de Escolas	4.581	14.664	374
Média de Língua Portuguesa	167,92	174,27	170,73
Desvio Padrão - Língua Portuguesa	19,44	20,36	21
Média de Matemática	183,67	190,59	186,62
Desvio Padrão - Matemática	21,75	23,20	23,81
15. Quanto às instalações elétricas	Estado de conservação ruim ou inexistente	Estado de conservação bom ou regular	Não respondeu a esta pergunta
Quantidade de Escolas	4.221	15.146	252
Média de Língua Portuguesa	169,79	173,54	172,39
Desvio Padrão - Língua Portuguesa	19,64	20,49	17,91

Média de Matemática	185,76	189,79	188,10
Desvio Padrão - Matemática	21,84	23,36	20,97
16. As salas de aula são iluminadas	**Não**	**Sim**	**Não respondeu a esta pergunta**
Quantidade de Escolas	2.551	14.214	2.854
Média de Língua Portuguesa	167,47	174,01	171,02
Desvio Padrão - Língua Portuguesa	18,58	20,54	19,98
Média de Matemática	182,90	190,32	187,17
Desvio Padrão - Matemática	20,45	23,40	22,64
17. As salas de aula são arejadas	**Não**	**Sim**	**Não respondeu a esta pergunta**
Quantidade de Escolas	4.577	12.180	2.862
Média de Língua Portuguesa	169,01	174,50	171,08
Desvio Padrão - Língua Portuguesa	18,20	20,95	20
Média de Matemática	184,27	191,04	187,20
Desvio Padrão - Matemática	20,07	23,92	22,61
18. Há muros, grades ou cercas em condições de garantir a segurança dos alunos	**Não**	**Sim**	**Não respondeu a esta pergunta**
Quantidade de Escolas	5.396	13.882	341
Média de Língua Portuguesa	166,49	175,14	172,75
Desvio Padrão - Língua Portuguesa	19,43	20,19	20
Média de Matemática	182,41	191,43	188,71
Desvio Padrão - Matemática	22,10	22,96	22,61
19. Há controle de entrada e saída de alunos	**Não**	**Sim**	**Não respondeu a esta pergunta**
Quantidade de Escolas	1.678	17.762	179
Média de Língua Portuguesa	162,41	173,73	169,68
Desvio Padrão - Língua Portuguesa	18,49	20,24	19,13

Média de Matemática	178,09	189,95	186,32
Desvio Padrão - Matemática	20,69	23,03	21,73
20. Os portões que dão acesso à parte externa permanecem trancados durante o horário de funcionamento	**Não**	**Sim**	**Não respondeu a esta pergunta**
Quantidade de Escolas	3.158	16.202	259
Média de Língua Portuguesa	166,73	173,93	170,25
Desvio Padrão - Língua Portuguesa	20,30	20,16	19,13
Média de Matemática	182,49	190,18	186,73
Desvio Padrão - Matemática	23,04	22,89	21,73
21. Há controle de entrada e saída de pessoas estranhas na escola	**Não**	**Sim**	**Não respondeu a esta pergunta**
Quantidade de Escolas	2.071	17.306	242
Média de Língua Portuguesa	164,67	173,75	168,30
Desvio Padrão - Língua Portuguesa	18,97	20,28	20,43
Média de Matemática	180,30	189,99	184,63
Desvio Padrão - Matemática	21,35	23,06	22,87
22. Há algum tipo de vigilância para o período noturno	**Não**	**Sim**	**Não respondeu a esta pergunta**
Quantidade de Escolas	6.791	12.495	333
Média de Língua Portuguesa	172,70	172,77	171,39
Desvio Padrão - Língua Portuguesa	21,95	19,41	20,43
Média de Matemática	189,22	188,74	188,14
Desvio Padrão - Matemática	24,90	22,01	22,87
23. Há algum tipo de vigilância para o período diurno	**Não**	**Sim**	**Não respondeu a esta pergunta**
Quantidade de Escolas	4.881	14.410	328
Média de Língua Portuguesa	173,24	172,57	171,89
Desvio Padrão - Língua Portuguesa	23,42	19,15	21,75

Média de Matemática	190,71	188,30	188,29
Desvio Padrão - Matemática	26,51	21,72	24,07
24. Há algum tipo de vigilância durante os finais de semana	**Não**	**Sim**	**Não respondeu a esta pergunta**
Quantidade de Escolas	6.629	12.597	393
Média de Língua Portuguesa	171,44	173,47	170,47
Desvio Padrão - Língua Portuguesa	22,41	19,12	20,26
Média de Matemática	188,53	189,16	186,67
Desvio Padrão - Matemática	25,36	21,79	22,03
25. Há algum esquema de policiamento para inibição de furtos, roubos e outras formas de violência	**Não**	**Sim**	**Não respondeu a esta pergunta**
Quantidade de Escolas	14.608	4.675	336
Média de Língua Portuguesa	170,84	178,62	172,61
Desvio Padrão - Língua Portuguesa	20,13	19,92	19,44
Média de Matemática	187	194,85	188,62
Desvio Padrão - Matemática	22,88	22,67	22,13
26. Há algum esquema de policiamento para inibição de tráfico de drogas dentro da escola	**Não**	**Sim**	**Não respondeu a esta pergunta**
Quantidade de Escolas	15.684	3.606	329
Média de Língua Portuguesa	171,29	178,96	172,74
Desvio Padrão - Língua Portuguesa	20,14	20,13	19,44
Média de Matemática	187,42	195,32	188,83
Desvio Padrão - Matemática	22,92	22,71	22,13
27. Há algum esquema de policiamento para inibição de tráfico de drogas nas imediações da escola	**Não**	**Sim**	**Não respondeu a esta pergunta**
Quantidade de Escolas	14.329	4.903	387
Média de Língua Portuguesa	170,75	178,55	171,90

Desvio Padrão - Língua Portuguesa	20,14	19,77	20,60
Média de Matemática	186,89	194,80	188,54
Desvio Padrão - Matemática	22,93	22,45	23
28. A escola possui um sistema de proteção contra incêndio	**Não**	**Sim**	**Não respondeu a esta pergunta**
Quantidade de Escolas	15.770	3.452	397
Média de Língua Portuguesa	170,24	183,87	174,55
Desvio Padrão - Língua Portuguesa	19,36	20,85	21,02
Média de Matemática	186,23	200,80	191,36
Desvio Padrão - Matemática	21,95	24,24	22,95
29. As salas onde estão guardados equipamentos mais caros possuem cadeados, trancas, etc.	**Não**	**Sim**	**Não respondeu a esta pergunta**
Quantidade de Escolas	3.869	15.323	427
Média de Língua Portuguesa	166,62	174,38	168,43
Desvio Padrão - Língua Portuguesa	19,60	20,24	19,49
Média de Matemática	182,46	190,66	183,90
Desvio Padrão - Matemática	22,22	23,01	21,70
30. Há iluminação suficiente do lado de fora da escola	**Não**	**Sim**	**Não respondeu a esta pergunta**
Quantidade de Escolas	6.867	12.328	424
Média de Língua Portuguesa	169,06	174,75	172,91
Desvio Padrão - Língua Portuguesa	19,51	20,47	21,53
Média de Matemática	184,94	191,10	188,92
Desvio Padrão - Matemática	21,85	23,39	24,31
31. A escola apresenta sinais de depredação	**Não**	**Sim**	**Não respondeu a esta pergunta**
Quantidade de Escolas	13.110	5.774	735
Média de Língua Portuguesa	173,97	169,81	173,38

MODELO TEÓRICO PARA AVALIAÇÃO DE POLÍTICAS DE EDUCAÇÃO BÁSICA NO BRASIL

Desvio Padrão - Língua Portuguesa	20,70	19,18	20,34
Média de Matemática	190,28	185,67	189,59
Desvio Padrão - Matemática	23,69	21,21	23,29
32. A escola adota alguma medida de segurança para proteger os alunos em suas imediações	**Não**	**Sim**	**Não respondeu a esta pergunta**
Quantidade de Escolas	12.652	6.493	474
Média de Língua Portuguesa	171,14	175,89	171,46
Desvio Padrão - Língua Portuguesa	19,53	21,46	20,73
Média de Matemática	187,11	192,42	188,20
Desvio Padrão - Matemática	22,05	24,51	23,69
33. Quanto aos computadores para uso dos alunos	**Estado de conservação ruim ou inexistente**	**Estado de conservação bom ou regular**	**Não respondeu a esta pergunta**
Quantidade de Escolas	7.242	12.016	361
Média de Língua Portuguesa	167,40	175,96	171,80
Desvio Padrão - Língua Portuguesa	19,01	20,43	20,64
Média de Matemática	183,01	192,49	187,39
Desvio Padrão - Matemática	21,17	23,42	23,69
34. Quanto ao acesso à internet para uso dos alunos	**Estado de conservação ruim ou inexistente**	**Estado de conservação bom ou regular**	**Não respondeu a esta pergunta**
Quantidade de Escolas	11.138	8.109	372
Média de Língua Portuguesa	168,51	178,46	173,65
Desvio Padrão - Língua Portuguesa	19,07	20,62	20,36
Média de Matemática	184,20	195,32	189,59
Desvio Padrão - Matemática	21,44	23,70	22,53
35. Quanto ao acesso à internet para uso dos professores	**Estado de conservação ruim ou inexistente**	**Estado de conservação bom ou regular**	**Não respondeu a esta pergunta**

Quantidade de Escolas	9.410	9.801	408
Média de Língua Portuguesa	167,20	178,05	172,09
Desvio Padrão - Língua Portuguesa	18,76	20,37	20,62
Média de Matemática	182,88	194,70	188,30
Desvio Padrão - Matemática	21,15	23,35	23,12

36. Quanto aos aparelhos de videocassete ou dvd	Estado de conservação ruim ou inexistente	Estado de conserva-ção bom ou regular	Não respon-deu a esta pergunta
Quantidade de Escolas	2.943	16.195	481
Média de Língua Portuguesa	164,95	174,23	169,50
Desvio Padrão - Língua Portuguesa	19,20	20,17	21,50
Média de Matemática	180,60	190,52	185,13
Desvio Padrão - Matemática	21,61	22,97	23,69

37. Quanto ao projetor de slides	Estado de conservação ruim ou inexistente	Estado de conserva-ção bom ou regular	Não respon-deu a esta pergunta
Quantidade de Escolas	10.609	8.428	582
Média de Língua Portuguesa	168,85	177,59	172,81
Desvio Padrão - Língua Portuguesa	20,26	19,33	20,96
Média de Matemática	184,74	194,10	189,26
Desvio Padrão - Matemática	22,85	22,28	22,96

38. Quanto ao retroprojetor	Estado de conservação ruim ou inexistente	Estado de conserva-ção bom ou regular	Não respon-deu a esta pergunta
Quantidade de Escolas	9.549	9.586	484
Média de Língua Portuguesa	167,98	177,41	173,45
Desvio Padrão - Língua Portuguesa	19,37	20,23	19,74
Média de Matemática	183,76	194,02	188,90
Desvio Padrão - Matemática	21,88	23,19	20,88

39. Quanto à impressora	Estado de conservação ruim ou inexistente	Estado de conserva-ção bom ou regular	Não respon-deu a esta pergunta
Quantidade de Escolas	3.441	15.805	373
Média de Língua Portuguesa	162,81	174,95	169,67
Desvio Padrão - Língua Portuguesa	18,92	20	19,61
Média de Matemática	178,33	191,29	185,05
Desvio Padrão - Matemática	21,07	22,86	21,55
40. Quanto à máquina copiadora	Estado de conservação ruim ou inexistente	Estado de conserva-ção bom ou regular	Não respon-deu a esta pergunta
Quantidade de Escolas	8.134	11.012	473
Média de Língua Portuguesa	166,97	177,11	169,48
Desvio Padrão - Língua Portuguesa	18,71	20,43	19,70
Média de Matemática	182,56	193,71	185,89
Desvio Padrão - Matemática	20,93	23,47	21,84
41. Quanto às fitas de videocas-sete ou dvds para o lazer dos alunos	Estado de conservação ruim ou inexistente	Estado de conserva-ção bom ou regular	Não respon-deu a esta pergunta
Quantidade de Escolas	6.497	12.587	535
Média de Língua Portuguesa	167,40	175,57	170,26
Desvio Padrão - Língua Portuguesa	19,14	20,41	19,43
Média de Matemática	183,23	191,95	186
Desvio Padrão - Matemática	21,53	23,33	21,58
42. Quanto às fitas de videocas-sete ou dvds educativos	Estado de conservação ruim ou inexistente	Estado de conserva-ção bom ou regular	Não respon-deu a esta pergunta
Quantidade de Escolas	2.373	16.870	376
Média de Língua Portuguesa	162,94	174,17	169,53
Desvio Padrão - Língua Portuguesa	19,40	20,07	20,88

Média de Matemática	178,46	190,45	185,28
Desvio Padrão - Matemática	21,80	22,86	22,94
43. Quanto ao computador para uso exclusivo da administração da escola	**Estado de conservação ruim ou inexistente**	**Estado de conservação bom ou regular**	**Não respondeu a esta pergunta**
Quantidade de Escolas	4.445	14.846	328
Média de Língua Portuguesa	163,17	175,67	168,83
Desvio Padrão - Língua Portuguesa	18,84	19,90	20,09
Média de Matemática	178,80	192,02	184,54
Desvio Padrão - Matemática	21,07	22,80	21,89
44. Quanto aos computadores para uso dos professores	**Estado de conservação ruim ou inexistente**	**Estado de conservação bom ou regular**	**Não respondeu a esta pergunta**
Quantidade de Escolas	7.302	11.847	470
Média de Língua Portuguesa	167,04	176,26	171,73
Desvio Padrão - Língua Portuguesa	18,89	20,41	20,09
Média de Matemática	182,57	192,86	187,29
Desvio Padrão - Matemática	21,07	23,42	21,89
45. Biblioteca com funcionário responsável pelo atendimento	**Não**	**Sim**	**Não possui biblioteca nem sala de leitura, ou não respondeu**
Quantidade de Escolas	9.663	8.616	1.340
Média de Língua Portuguesa	167,38	179,48	167,78
Desvio Padrão - Língua Portuguesa	18,41	20,67	18,48
Média de Matemática	183	196,36	183,40
Desvio Padrão - Matemática	20,60	23,92	20,34

MODELO TEÓRICO PARA AVALIAÇÃO DE POLÍTICAS DE EDUCAÇÃO BÁSICA NO BRASIL

46. Quanto à biblioteca ou sala de leitura, o espaço é arejado e iluminado	Não	Sim	Não possui biblioteca nem sala de leitura, ou não respondeu
Quantidade de Escolas	8.204	9.490	1.925
Média de Língua Portuguesa	168,81	177,32	166,72
Desvio Padrão - Língua Portuguesa	18,99	20,87	18,07
Média de Matemática	184,59	193,99	182,14
Desvio Padrão - Matemática	21,35	23,97	19,87
47. Quanto à biblioteca ou sala de leitura, a comunidade pode utilizar o espaço e os livros	Não	Sim	Não possui biblioteca nem sala de leitura, ou não respondeu
Quantidade de Escolas	7.715	10.013	1.891
Média de Língua Portuguesa	170,68	175,45	166,61
Desvio Padrão - Língua Portuguesa	19,55	20,90	18,09
Média de Matemática	186,43	192,11	181,96
Desvio Padrão - Matemática	21,80	24,06	19,79
48. Quanto à biblioteca ou sala de leitura, os livros podem ser manuseados e emprestados	Não	Sim	Não possui biblioteca nem sala de leitura, ou não respondeu
Quantidade de Escolas	3.559	14.202	1.858
Média de Língua Portuguesa	165,35	175,43	166,15
Desvio Padrão - Língua Portuguesa	17,96	20,56	17,84
Média de Matemática	180,72	191,92	181,45
Desvio Padrão - Matemática	20	23,50	19,46

49. Quanto à biblioteca ou sala de leitura, existe um espaço para estudos coletivos	Não	Sim	Não possui biblioteca nem sala de leitura, ou não respondeu
Quantidade de Escolas	10.930	6.830	1.859
Média de Língua Portuguesa	170,55	177,79	166,89
Desvio Padrão - Língua Portuguesa	19,95	20,53	17,91
Média de Matemática	186,66	194,29	182,28
Desvio Padrão - Matemática	22,57	23,64	19,73

50. Quanto à biblioteca ou sala de leitura, existe brinquedoteca	Não	Sim	Não possui biblioteca nem sala de leitura, ou não respondeu
Quantidade de Escolas	15.979	1.940	1.700
Média de Língua Portuguesa	172,73	177,88	166,78
Desvio Padrão - Língua Portuguesa	20,26	21,25	18,34
Média de Matemática	188,87	195,11	182,07
Desvio Padrão - Matemática	22,98	24,43	20,16

51. Quanto à biblioteca ou sala de leitura, possui acervo diversificado que desperte o interesse dos alunos	Não	Sim	Não possui biblioteca nem sala de leitura, ou não respondeu
Quantidade de Escolas	6.059	11.793	1.767
Média de Língua Portuguesa	167,77	176,21	166,42
Desvio Padrão - Língua Portuguesa	19,19	20,54	17,65
Média de Matemática	183,65	192,66	181,79
Desvio Padrão - Matemática	21,56	23,54	19,44

MODELO TEÓRICO PARA AVALIAÇÃO DE POLÍTICAS DE EDUCAÇÃO BÁSICA NO BRASIL

52. Quanto à sala de leitura	Estado de conservação ruim ou inexistente	Estado de conservação bom ou regular	Não respondeu a esta pergunta
Quantidade de Escolas	12.698	6.593	328
Média de Língua Portuguesa	170,81	176,44	172,21
Desvio Padrão - Língua Portuguesa	20,38	19,69	21,30
Média de Matemática	186,95	192,66	188,66
Desvio Padrão - Matemática	23,15	22,46	22,74
53. Quanto à sala para atividades de artes plásticas	Estado de conservação ruim ou inexistente	Estado de conservação bom ou regular	Não respondeu a esta pergunta
Quantidade de Escolas	18.631	743	245
Média de Língua Portuguesa	172,27	183,43	174,63
Desvio Padrão - Língua Portuguesa	20,15	21,52	21,73
Média de Matemática	188,41	200,48	190,87
Desvio Padrão - Matemática	22,88	24,56	23,21
54. Quanto à sala para atividades de música	Estado de conservação ruim ou inexistente	Estado de conservação bom ou regular	Não respondeu a esta pergunta
Quantidade de Escolas	18.378	988	253
Média de Língua Portuguesa	172,19	182,17	174,70
Desvio Padrão - Língua Portuguesa	20,16	20,95	21,54
Média de Matemática	188,33	198,79	191,19
Desvio Padrão - Matemática	22,89	24,08	23,07
55. Quanto ao auditório	Estado de conservação ruim ou inexistente	Estado de conservação bom ou regular	Não respondeu a esta pergunta
Quantidade de Escolas	17.254	2.035	330
Média de Língua Portuguesa	171,74	180,69	174,90
Desvio Padrão - Língua Portuguesa	19,90	21,98	21,53

Média de Matemática	187,80	197,83	191,35
Desvio Padrão - Matemática	22,54	25,36	23,46
56. Quanto ao laboratório	**Estado de conservação ruim ou inexistente**	**Estado de conservação bom ou regular**	**Não respondeu a esta pergunta**
Quantidade de Escolas	14.341	4.795	483
Média de Língua Portuguesa	171,09	177,39	174,72
Desvio Padrão - Língua Portuguesa	20,37	19,47	20,71
Média de Matemática	187,21	193,72	191,16
Desvio Padrão - Matemática	23,09	22,29	23,24
57. Quanto à quadra de esportes	**Estado de conservação ruim ou inexistente**	**Estado de conservação bom ou regular**	**Não respondeu a esta pergunta**
Quantidade de Escolas	14.358	4.892	369
Média de Língua Portuguesa	169,72	181,48	173,29
Desvio Padrão - Língua Portuguesa	19,10	21,19	21,89
Média de Matemática	185,50	198,79	189,88
Desvio Padrão - Matemática	21,49	24,52	24,69
58. Quanto à biblioteca	**Estado de conservação ruim ou inexistente**	**Estado de conservação bom ou regular**	**Não respondeu a esta pergunta**
Quantidade de Escolas	10.083	9.064	472
Média de Língua Portuguesa	167,49	178,57	172,16
Desvio Padrão - Língua Portuguesa	18,24	20,96	20,26
Média de Matemática	183,13	195,34	188,36
Desvio Padrão - Matemática	20,32	24,23	22,81
59. Quanto ao aparelho de som	**Estado de conservação ruim ou inexistente**	**Estado de conservação bom ou regular**	**Não respondeu a esta pergunta**
Quantidade de Escolas	4.367	14.771	481

Média de Língua Portuguesa	164,97	175,11	169,82
Desvio Padrão - Língua Portuguesa	18,87	20,15	21,22
Média de Matemática	180,71	191,42	185,71
Desvio Padrão - Matemática	21,42	22,96	23,17

60. Quanto ao aparelho de fax	Estado de conservação ruim ou inexistente	Estado de conservação bom ou regular	Não respondeu a esta pergunta
Quantidade de Escolas	16.164	2.987	468
Média de Língua Portuguesa	170,06	186,89	174,39
Desvio Padrão - Língua Portuguesa	19,06	21,05	20,96
Média de Matemática	185,88	204,90	191
Desvio Padrão - Matemática	21,54	24,44	22,69

61. Quanto à linha telefônica	Estado de conservação ruim ou inexistente	Estado de conservação bom ou regular	Não respondeu a esta pergunta
Quantidade de Escolas	11.869	7.383	367
Média de Língua Portuguesa	166,65	182,44	173,38
Desvio Padrão - Língua Portuguesa	17,68	20,50	21,34
Média de Matemática	182,22	199,59	189,75
Desvio Padrão - Matemática	19,91	23,78	22,79

62. Quanto à antena parabólica	Estado de conservação ruim ou inexistente	Estado de conservação bom ou regular	Não respondeu a esta pergunta
Quantidade de Escolas	12.819	6.231	569
Média de Língua Portuguesa	171,18	175,70	174,85
Desvio Padrão - Língua Portuguesa	19,31	21,98	20,36
Média de Matemática	186,84	192,94	190,97
Desvio Padrão - Matemática	21,68	25,20	22,94

63. Quanto à câmera fotográfica	Estado de conservação ruim ou inexistente	Estado de conserva-ção bom ou regular	Não respon-deu a esta pergunta
Quantidade de Escolas	7.703	11.538	378
Média de Língua Portuguesa	166,72	176,73	172,93
Desvio Padrão - Língua Portuguesa	19,17	20,10	20,89
Média de Matemática	182,42	193,20	189,62
Desvio Padrão - Matemática	21,64	22,99	23,08
64. Quanto ao mimeógrafo	Estado de conservação ruim ou inexistente	Estado de conserva-ção bom ou regular	Não respon-deu a esta pergunta
Quantidade de Escolas	7.024	12.137	458
Média de Língua Portuguesa	173,18	172,49	171,81
Desvio Padrão - Língua Portuguesa	20,13	20,45	20,51
Média de Matemática	188,94	188,90	188,31
Desvio Padrão - Matemática	22,84	23,20	22,98
65. Quanto à televisão	Estado de conservação ruim ou inexistente	Estado de conserva-ção bom ou regular	Não respon-deu a esta pergunta
Quantidade de Escolas	1.633	17.674	312
Média de Língua Portuguesa	163,96	173,58	169,98
Desvio Padrão - Língua Portuguesa	19,87	20,17	21,31
Média de Matemática	179,61	189,80	186,58
Desvio Padrão - Matemática	22,23	22,95	23,31
66. Os membros da comunida-de levam livros da biblioteca para casa	Não	Sim	Não possui biblioteca nem sala de leitu-ra, ou não respondeu
Quantidade de Escolas	9.358	5.857	4.404
Média de Língua Portuguesa	173,67	176,68	165,45

MODELO TEÓRICO PARA AVALIAÇÃO DE POLÍTICAS DE EDUCAÇÃO BÁSICA NO BRASIL

Desvio Padrão - Língua Portuguesa	20,08	20,95	18,08
Média de Matemática	189,71	193,66	180,85
Desvio Padrão - Matemática	22,68	24,40	19,74
67. Os professores levam livros da biblioteca para casa	**Não**	**Sim**	**Não possui biblioteca nem sala de leitura, ou não respondeu**
Quantidade de Escolas	1.841	13.538	4.240
Média de Língua Portuguesa	168,34	175,71	165,08
Desvio Padrão - Língua Portuguesa	17,74	20,67	17,86
Média de Matemática	183,87	192,24	180,41
Desvio Padrão - Matemática	19,95	23,67	19,53
68. Os alunos levam livros da biblioteca para casa	**Não**	**Sim**	**Não possui biblioteca nem sala de leitura, ou não respondeu**
Quantidade de Escolas	2.155	13.278	4.186
Média de Língua Portuguesa	165,90	176,24	165,07
Desvio Padrão - Língua Portuguesa	17,23	20,63	17,75
Média de Matemática	181,09	192,85	180,39
Desvio Padrão - Matemática	19,23	23,65	19,40
69. Livro didático bom ou ótimo (percentual de professores do 5º ano que consideraram os livros didáticos bons ou ótimos)		**Limite Inferior**	**Limite Superior**
1º quartil		0,0%	25,0%
2º quartil		25,0%	66,7%
3º quartil		66,7%	100,0%
4º quartil		100,0%	100,0%
Posição da escola	**1º quartil**	**2º quartil**	**3º e 4º quartis**
Quantidade de Escolas	5.009	4.823	9.483

Média de Língua Portuguesa	167,86	173,68	175,11
Desvio Padrão - Língua Portuguesa	17,98	18,67	21,79
Média de Matemática	183,26	189,51	191,90
Desvio Padrão - Matemática	19,73	21,16	24,99

70. Livro didático no começo do ano (percentual de professores do 5º ano que afirmaram que todos os alunos receberam o livro didático no começo do ano)	Limite Inferior	Limite Superior
1º quartil	0,0%	100,0%
2º quartil	100,0%	100,0%
3º quartil	100,0%	100,0%
4º quartil	100,0%	100,0%

Posição da escola	1º quartil	2º, 3º e 4º quartis
Quantidade de Escolas	4.816	14.803
Média de Língua Portuguesa	168,89	173,97
Desvio Padrão - Língua Portuguesa	18,94	20,62
Média de Matemática	184,29	190,40
Desvio Padrão - Matemática	21,02	23,50

71. Carência de recursos pedagógicos (percentual de professores do 5º ano que afirmaram que a escola apresentou carência de recursos pedagógicos)	Limite Inferior	Limite Superior
1º quartil	0,0%	0,0%
2º quartil	0,0%	50,0%
3º quartil	50,0%	100,0%
4º quartil	100,0%	100,0%

Posição da escola	1º quartil	2º quartil	3º e 4º quartis
Quantidade de Escolas	7.186	4.288	8.145
Média de Língua Portuguesa	175,11	175,59	169,10
Desvio Padrão - Língua Portuguesa	21,58	20,05	18,76
Média de Matemática	191,91	191,86	184,68
Desvio Padrão - Matemática	24,79	22,81	20,86

MODELO TEÓRICO PARA AVALIAÇÃO DE POLÍTICAS DE EDUCAÇÃO BÁSICA NO BRASIL

72. Todos os alunos possuem os livros didáticos (percentual de professores do 5º ano que afirmaram que todos os alunos possuem os livros didáticos)	Limite Inferior	Limite Superior
1º quartil	0,0%	50,0%
2º quartil	50,0%	100,0%
3º quartil	100,0%	100,0%
4º quartil	100,0%	100,0%
Posição da escola	1º quartil	2º, 3º e 4º quartis
Quantidade de Escolas	6.549	13.070
Média de Língua Portuguesa	167,20	175,49
Desvio Padrão - Língua Portuguesa	17,99	20,88
Média de Matemática	182,50	192,10
Desvio Padrão - Matemática	19,96	23,84

73. Carência de pessoal de apoio pedagógico (percentual de professores do 5º ano que afirmaram que a escola apresentou carência de pessoal de apoio pedagógico)		Limite Inferior	Limite Superior
1º quartil		0,0%	0,0%
2º quartil		0,0%	25,0%
3º quartil		25,0%	100,0%
4º quartil		100,0%	100,0%
Posição da escola	1º quartil	2º quartil	3º e 4º quartis
Quantidade de Escolas	9.365	637	9.617
Média de Língua Portuguesa	174,20	179,53	170,84
Desvio Padrão - Língua Portuguesa	20,95	21,81	19,40
Média de Matemática	190,75	195,59	186,65
Desvio Padrão - Matemática	24,06	24,37	21,71

74. Carência de recursos financeiros (percentual de professores do 5º ano que afirmaram que a escola apresentou carência de recursos financeiros)	Limite Inferior	Limite Superior
1º quartil	0,0%	0,0%

2º quartil		0,0%	50,0%
3º quartil		50,0%	100,0%
4º quartil		100,0%	100,0%
Posição da escola	**1º quartil**	**2º quartil**	**3º e 4º**
Quantidade de Escolas	6.047	4.235	quartis
Média de Língua Portuguesa	173,44	176,22	9.337
Desvio Padrão - Língua Portuguesa	21,60	20,61	170,67
Média de Matemática	190,17	192,56	19,09
Desvio Padrão - Matemática	24,83	23,54	186,41
75. O diretor dá atenção à aprendizagem (percentual de professores do 5º ano que afirmaram que o diretor dá atenção especial a aspectos relacionados à aprendizagem)		**Limite Inferior**	**Limite Superior**
1º quartil		0,0%	50,0%
2º quartil		50,0%	100,0%
3º quartil		100,0%	100,0%
4º quartil		100,0%	100,0%
Posição da escola		**1º quartil**	**2º, 3º e 4º quartis**
Quantidade de Escolas		5.056	14.563
Média de Língua Portuguesa		170,15	173,62
Desvio Padrão - Língua Portuguesa		18,71	20,80
Média de Matemática		185,64	190,03
Desvio Padrão - Matemática		20,86	23,68
76. Salário do professor (salário médio dos professores do 5º ano, medido em salários mínimos)		**Limite Inferior**	**Limite Superior**
1º quartil		0,13	1,08
2º quartil		1,08	1,75
3º quartil		1,75	3,00
4º quartil		3,00	10,00

MODELO TEÓRICO PARA AVALIAÇÃO DE POLÍTICAS DE EDUCAÇÃO BÁSICA NO BRASIL

Posição da escola	1º quartil	2º quartil	3º quartil	4º quartil	Escolas cujos alunos não responderam a esta pergunta
Quantidade de Escolas	2.783	2.789	2.951	2.447	8.649
Média de Língua Portuguesa	173,18	173,99	176,69	175,53	170,02
Desvio Padrão - Língua Portuguesa	20,06	20,94	20,89	20,02	19,75
Média de Matemática	189,57	190,42	193,18	191,60	185,97
Desvio Padrão - Matemática	22,69	24,04	24,07	22,41	22,31

77. Professor com pós-graduação (percentual de professores do 5º ano com títulos de pós-graduação)	Limite Inferior	Limite Superior
1º quartil	0,0%	0,0%
2º quartil	0,0%	50,0%
3º quartil	50,0%	100,0%
4º quartil	100,0%	100,0%

Posição da escola	1º quartil	2º quartil	3º e 4º quartis
Quantidade de Escolas	7.894	4.607	7.118
Média de Língua Portuguesa	167,55	176,01	176,33
Desvio Padrão - Língua Portuguesa	19,16	19,68	20,80
Média de Matemática	183,21	192,23	193,04
Desvio Padrão - Matemática	21,36	22,62	23,86

78. Professor com nível superior (percentual de professores do 5º ano com formação de nível superior)	Limite Inferior	Limite Superior
1º quartil	0,0%	50,0%
2º quartil	50,0%	100,0%
3º quartil	100,0%	100,0%
4º quartil	100,0%	100,0%

Posição da escola	1º quartil	2º, 3º e 4º quartis
Quantidade de Escolas	5.183	14.436

Média de Língua Portuguesa	165,44	175,33
Desvio Padrão - Língua Portuguesa	18,16	20,45
Média de Matemática	180,97	191,74
Desvio Padrão - Matemática	20,26	23,35

79. Características socioeconômicas das famílias: Trabalho Infantil (percentual de alunos do 5º ano que afirmaram trabalhar fora de casa)	**Limite Inferior**	**Limite Superior**
1º quartil	0,0%	42,9%
2º quartil	42,9%	54,6%
3º quartil	54,6%	65,2%
4º quartil	65,2%	100,0%

Posição da escola	**1º quartil**	**2º quartil**	**3º quartil**	**4º quartil**
Quantidade de Escolas	4.916	4.959	4.841	4.903
Média de Língua Portuguesa	183,56	173,49	168,74	165,01
Desvio Padrão - Língua Portuguesa	21,73	18,45	17,97	18,03
Média de Matemática	199,91	189,40	184,89	181,30
Desvio Padrão - Matemática	24,83	21,08	20,68	21,08

80. Características socioeconômicas das famílias: Escolaridade da mãe (média de anos de estudo das mães dos alunos do 5º ano)	**Limite Inferior**	**Limite Superior**
1º quartil	4,50	7,80
2º quartil	7,80	8,50
3º quartil	8,50	9,21
4º quartil	9,21	14,00

Posição da escola	**1º quartil**	**2º quartil**	**3º quartil**	**4º quartil**	Escolas cujos alunos não responderam a esta pergunta
Quantidade de Escolas	4.903	4.902	4.905	4.899	10
Média de Língua Portuguesa	169,36	173,47	174,75	173,31	169,55

MODELO TEÓRICO PARA AVALIAÇÃO DE POLÍTICAS DE EDUCAÇÃO BÁSICA NO BRASIL

Desvio Padrão - Língua Portuguesa	19,45	19,70	20,11	21,61	20,11
Média de Matemática	185,27	189,47	190,98	189,90	174,81
Desvio Padrão - Matemática	22,18	22,30	22,85	24,47	22,85

81. Características socioeconômicas das famílias: Posse de automóvel (percentual de alunos do 5º ano que afirmaram possuir automóvel em casa)	Limite Inferior	Limite Superior
1º quartil	0,0%	73,2%
2º quartil	73,2%	81,3%
3º quartil	81,3%	88,4%
4º quartil	88,4%	100,0%

Posição da escola	1º quartil	2º quartil	3º quartil	4º quartil
Quantidade de Escolas	4.907	5.000	4.826	4.886
Média de Língua Portuguesa	168,10	173,59	175	174,22
Desvio Padrão - Língua Portuguesa	18,21	19,24	20,74	22,24
Média de Matemática	183,54	189,46	191,46	191,17
Desvio Padrão - Matemática	20,37	21,74	23,56	25,45

82. Características socioeconômicas das famílias: Posse de Televisão (percentual de alunos do 5º ano que afirmaram possuir aparelho de televisão em casa)	Limite Inferior	Limite Superior
1º quartil	60,9%	99,0%
2º quartil	99,0%	100,0%
3º quartil	100,0%	100,0%
4º quartil	100,0%	100,0%

Posição da escola	1º quartil	2º, 3º e 4º quartis
Quantidade de Escolas	4.905	14.714
Média de Língua Portuguesa	166,70	174,73
Desvio Padrão - Língua Portuguesa	18,26	20,60
Média de Matemática	181,73	191,29
Desvio Padrão - Matemática	20,48	23,39

83. Tamanho da escola (A partir do número de alunos do 5º ano avaliados)		Limite Inferior	Limite Superior
1º quartil		1	23
2º quartil		23	36
3º quartil		36	58
4º quartil		58	339

Posição da escola	1º quartil	2º quartil	3º quartil	4º quartil
Quantidade de Escolas	4.926	4.948	4.922	4.823
Média de Língua Portuguesa	164,74	170,16	175,34	180,83
Desvio Padrão - Língua Portuguesa	19,87	18,96	18,95	19,99
Média de Matemática	180,77	186,13	191,72	197,17
Desvio Padrão - Matemática	22,37	21,60	21,90	23,11

Fonte: cálculos próprios com os Microdados da Prova Brasil de 2011 (Inep, 2012)

APÊNDICE II: RESULTADOS DAS 83 VARIÁVEIS ANALISADAS PELO ÍNDICE DE THEIL-L

Caracterizações Agrupadas das Escolas	Língua Portuguesa		Matemática	
	C. Bruta	C. Marg.	C. Bruta	C. Marg.
Quanto à dependência administrativa (item 1)	2,84%	-	2,52%	-
Quanto à localização (item 2)	10,57%	-	8,78%	-
Tamanho da escola (item 83)	8,77%	-	7,31%	-
Recursos e aparelhos de uso administrativo	20,64%	-	19,76%	-
61. Quanto à linha telefônica	14,09%	4,72%	13,52%	4,49%
60. Quanto ao aparelho de fax	8,63%	1,50%	8,74%	1,63%
43. Quanto ao computador para uso da administração da escola.	6,96%	1,40%	6,18%	1,24%
40. Quanto à máquina copiadora.	6,16%	1,17%	5,89%	1,19%
39. Quanto à impressora.	5,45%	0,83%	4,93%	0,81%
64. Quanto ao mimeógrafo	0,03%	0,00%	0,00%	0,00%
Características socioeconômicas das famílias	17,92%	-	16,09%	-
79. Trabalho Infantil.	11,78%	12,29%	9,43%	10,03%
82. Posse de televisão	3,03%	2,58%	3,41%	2,89%
81. Posse de automóvel	1,84%	2,44%	2,02%	2,58%
80. Escolaridade das mães	1,01%	1,16%	0,95%	1,16%
Recursos para uso dos professores nas aulas	14,81%	-	13,88%	-
34. Quanto ao acesso à internet para uso dos alunos.	5,81%	1,96%	5,77%	1,92%

Caracterizações Agrupadas das Escolas	Língua Portuguesa		Matemática	
	C. Bruta	C. Marg.	C. Bruta	C. Marg.
38. Quanto ao retroprojetor.	5,35%	2,20%	5,02%	2,04%
37. Quanto ao projetor de slides	4,49%	1,90%	4,09%	1,64%
33. Quanto aos computadores para uso dos alunos.	4,20%	1,18%	4,09%	1,18%
41. Quanto às fitas de video-cassete ou dvds para o lazer dos alunos.	3,68%	1,77%	3,33%	1,65%
42. Quanto às fitas de video-cassete ou dvds educativos.	3,46%	1,79%	3,13%	1,64%
36. Quanto aos aparelhos de videocassete ou Dvd.	2,83%	1,48%	2,57%	1,30%
Características dos professores ou de seus recursos para planejamento das aulas	**13,88%**	-	**13,21%**	-
35. Quanto ao acesso à internet para uso dos professores.	7,13%	2,53%	6,69%	2,28%
44. Quanto aos computadores para uso dos professores.	4,89%	1,04%	4,83%	1,09%
78. Professor com nível superior.	4,78%	2,04%	4,50%	1,90%
77. Professor com pós-graduação.	4,48%	1,77%	4,31%	1,72%
76. Salário médio dos professores.	1,68%	1,29%	1,53%	1,23%
Segurança da Escola I - Estrutura física e rotinas	**12,10%**	-	**10,97%**	-
28. A escola possui algum sistema de proteção contra incêndio.	6,42%	4,91%	5,84%	4,58%
18. Há muros, grades ou cercas em condições de garantir a segurança dos alunos	3,72%	1,83%	3,20%	1,68%
19. Há controle de entrada e saída de alunos	2,59%	0,60%	2,24%	0,56%

Caracterizações Agrupadas das Escolas	Língua Portuguesa		Matemática	
	C. Bruta	C. Marg.	C. Bruta	C. Marg.
29. As salas onde estão guardados equipamentos mais caros possuem cadeados, trancas, etc	2,49%	1,30%	2,22%	1,24%
21. Há controle de entrada e saída de pessoas estranhas na escola	2,03%	0,55%	1,82%	0,58%
20. Os portões que dão acesso à parte externa permanecem trancados durante o horário de funcionamento	1,78%	0,84%	1,60%	0,84%
Uso da biblioteca	**12,05%**	-	**11,83%**	-
45. Biblioteca com funcionário responsável pelo atendimento	8,79%	4,29%	8,50%	4,06%
68. Os alunos levam livros da biblioteca para casa	6,51%	1,08%	6,50%	1,11%
67. Os professores levam livros da biblioteca para casa	5,17%	0,65%	5,11%	0,67%
48. Os livros podem ser manuseados e emprestados	4,83%	0,89%	4,78%	0,88%
66. Os membros da comunidade levam livros da biblioteca para casa	4,25%	0,54%	4,29%	0,57%
47. A comunidade pode utilizar o espaço e os livros	2,25%	0,72%	2,42%	0,64%
Estrutura Física da Escola: Recursos Adicionais	**11,84%**	-	**11,55%**	-
58. Quanto à biblioteca	7,36%	3,54%	7,08%	3,40%
57. Quanto à quadra de esportes.	6,21%	2,60%	6,29%	2,76%
55. Quanto ao auditório.	1,81%	0,59%	1,80%	0,57%
56. Quanto ao laboratório.	1,80%	0,85%	1,53%	0,83%
54. Quanto à sala para atividades de música.	1,15%	0,54%	1,00%	0,48%

Caracterizações Agrupadas das Escolas	Língua Portuguesa		Matemática	
	C. Bruta	C. Marg.	C. Bruta	C. Marg.
53. Quanto à sala para atividades de artes plásticas.	1,09%	0,43%	1,01%	0,37%
Livro didático e recursos pedagógicos em geral	**9,56%**	-	**9,91%**	-
72. Todos os alunos possuem os livros didáticos.	3,82%	2,41%	4,06%	2,43%
69. Livros didáticos bons ou ótimos.	2,62%	2,64%	2,82%	2,63%
71. Carência de recursos pedagógicos.	2,31%	2,23%	2,48%	2,27%
70. Todos alunos receberam o livro didático no começo do ano.	1,19%	0,63%	1,37%	0,60%
73. A escola apresentou carência de pessoal de apoio pedagógico.	1,05%	1,08%	1,09%	0,97%
75. O diretor dá atenção à aprendizagem.	0,57%	0,61%	0,72%	0,60%
Outros recursos de áudio e vídeo	**8,74%**	-	**8,26%**	-
63. Quanto à câmera fotográfica	5,87%	3,06%	5,40%	2,81%
59. Quanto ao aparelho de som	4,50%	1,69%	3,99%	1,46%
65. Quanto à televisão	1,83%	0,42%	1,61%	0,39%
62. Quanto à antena parabólica	1,11%	0,50%	1,57%	0,81%
Estrutura da biblioteca	**7,88%**	-	**7,52%**	-
46. Quanto à biblioteca ou sala de leitura, o espaço é arejado e iluminado.	4,98%	1,45%	4,85%	1,52%
51. Quanto à biblioteca ou sala de leitura, possui acervo diversificado que desperte o interesse dos alunos.	4,59%	1,54%	4,26%	1,40%

Caracterizações Agrupadas das Escolas	Língua Portuguesa		Matemática	
	C. Bruta	C. Marg.	C. Bruta	C. Marg.
49. Quanto à biblioteca ou sala de leitura, existe um espaço para estudos coletivos.	3,64%	0,68%	3,33%	0,63%
52. Quanto à sala de leitura.	1,72%	0,63%	1,40%	0,63%
50. Quanto à biblioteca ou sala de leitura, existe brinquedoteca.	1,41%	0,41%	1,54%	0,49%
Segurança da Escola II - Policiamento e vigilância	**6,06%**	-	**5,63%**	-
27. Há policiamento para inibição de tráfico de drogas nas imediações da escola.	2,76%		2,26%	1,33%
25. Há policiamento para inibição de violência na escola.	2,65%	1,20%	2,15%	1,12%
26. Há policiamento para inibição de tráfico de drogas na escola.	2,13%	0,78%	1,79%	0,80%
24. Há algum tipo de vigilância durante os finais de semana.	0,25%	1,06%	0,04%	0,89%
23. Há algum tipo de vigilância para o período diurno.	0,02%	1,07%	0,21%	1,29%
22. Há algum tipo de vigilância para o período noturno.	0,01%	0,86%	0,01%	0,88%
Conservação do prédio I	**5,32%**	-	**5,07%**	-
8. Quanto aos corredores	2,53%	1,36%	2,42%	1,24%
7. Quanto ao pátio	2,31%	1,33%	2,31%	1,31%
13. Quanto à cozinha	1,30%	0,94%	1,23%	0,84%
5. Quanto ao piso	1,17%	0,83%	1,17%	0,78%
4. Quanto às paredes	0,40%	0,64%	0,46%	0,60%
3. Quanto ao telhado	0,15%	0,83%	0,21%	0,75%
Conservação do Prédio II	**5,29%**	-	**5,14%**	-

Caracterizações Agrupadas das Escolas	Língua Portuguesa		Matemática	
	C. Bruta	C. Marg.	C. Bruta	C. Marg.
14. Quanto às instalações hidráulicas	1,81%	1,47%	1,71%	1,38%
12. Quanto aos banheiros	1,66%	1,29%	1,51%	1,24%
11. Quanto às janelas	1,58%	1,18%	1,61%	1,18%
10. Quanto às portas	1,25%	1,05%	1,22%	0,99%
6. Quanto à entrada da escola	1,25%	1,00%	1,28%	1,00%
15. Quanto às instalações elétricas	0,59%	0,94%	0,54%	0,94%
Características das salas de aula e recursos financeiros em geral	**3,69%**	-	**3,96%**	-
17. As salas de aula são arejadas.	1,38%	0,64%	1,63%	0,77%
16. Pergunta: as salas de aula são iluminadas.	1,30%	0,53%	1,31%	0,47%
74. Carência de recursos financeiros.	1,18%	1,29%	1,24%	1,30%
9. Quanto às salas de aula (conservação)	0,82%	0,62%	0,95%	0,62%
Segurança da Escola III - Outras características	**3,47%**	-	**3,32%**	-
30. Há uma boa iluminação do lado de fora da escola.	1,81%	1,34%	1,68%	1,24%
32. A escola adota alguma medida de segurança para proteger os alunos em suas imediações.	1,22%	1,02%	1,20%	1,01%
31. A escola apresenta sinais de depredação.	0,88%	0,74%	0,86%	0,74%

Fonte: cálculos próprios com os Microdados da Prova Brasil de 2011 (Inep, 2012)

APÊNDICE III: RESULTADOS DOS TESTES COM PLACEBO NA AVALIAÇÃO DE IMPACTO COM CONTROLE SINTÉTICO

UF	2005		2007		2009		2011	
	Real	Sintético	Real	Sintético	Real	Sintético	Real	Sintético
AC	167,65	167,6378	171,13	171,1185	182,20	182,1893	185,21	186,6272
AL	144,52	145,457	154,98	155,1121	156,10	160,9674	158,95	165,7333
AM	157,02	157,0454	164,94	164,9637	175,41	175,4396	180,33	180,1441
AP	154,99	152,8682	160,08	160,8549	167,50	168,8756	167,72	173,5105
BA	150,08	153,393	162,08	160,4458	166,63	164,9315	172,01	168,2925
DF	185,23	181,1344	191,20	182,3309	200,93	196,5858	204,02	200,9011
ES	173,96	173,9694	178,25	178,2709	187,77	187,7896	191,95	193,1515
GO	170,47	169,1218	170,69	173,8656	185,78	184,1497	193,71	190,3576
MA	148,02	148,0199	157,56	157,5601	160,41	160,4101	163,69	163,8088
MG	183,30	181,102	179,87	185,8458	199,57	195,7745	204,45	199,4531
MS	166,42	169,3752	178,20	176,2727	186,19	185,264	197,44	187,8499
MT	163,93	163,995	172,91	172,9781	181,52	181,5427	183,11	189,7046
PA	156,30	155,4231	160,41	162,5204	169,82	168,52	173,81	172,2268
PB	153,12	153,1846	161,22	161,0548	168,45	168,6097	172,14	172,8072
PE	151,45	149,9842	157,79	158,731	162,91	163,4078	166,96	167,4031
PI	151,65	154,4429	162,62	163,0157	172,21	169,8081	176,36	173,8354
PR	179,12	179,0668	184,62	184,5897	193,81	193,8017	197,60	197,2863
RJ	177,60	175,1844	176,62	178,071	186,73	187,7643	192,30	195,9948
RN	141,12	145,034	150,97	155,3913	161,91	156,8303	169,19	159,8856
RO	163,51	163,7899	168,51	168,4367	178,18	177,8382	184,31	181,6806
RR	161,52	161,9965	170,65	167,6628	172,37	174,9726	179,53	180,7374
RS	177,14	176,054	179,89	179,3322	187,53	189,1339	193,90	193,1609
SC	176,18	175,5319	181,14	179,9747	187,04	188,8506	202,18	193,4878
SE	157,82	154,7758	161,27	162,3263	166,27	168,1238	168,75	172,6775
SP	178,45	177,8522	180,48	180,9109	190,73	190,719	194,57	196,5535
TO	158,55	158,7509	166,35	166,7754	176,72	176	185,68	180,3652

Fonte: cálculos próprios com os Microdados da Prova Brasil de 2011 (Inep, 2012)